Um olhar sobre Maria, serva do Senhor

Um olhar sobre Maria, serva do Senhor

VALDIR STEUERNAGEL

Copyright © 2025 por Valdir Steuernagel

Os textos das referências bíblicas foram extraídos da *Nova Versão Transformadora* (NVT), da Tyndale House Foundation, salvo indicação específica.

Todos os direitos reservados e protegidos pela Lei 9.610, de 19/02/1998.

É expressamente proibida a reprodução total ou parcial deste livro, por quaisquer meios (eletrônicos, mecânicos, fotográficos, gravação e outros), sem prévia autorização, por escrito, da editora.

Edição
Daniel Faria

Revisão
Ana Luiza Ferreira

Produção
Felipe Marques

Diagramação
Gabrielli Casseta

Colaboração
Guilherme H. Lorenzetti

Ilustrações
Rosana Basile

Capa
Jonatas Belan

Cip-Brasil. Catalogação na publicação
Sindicato Nacional dos Editores de Livros, RJ

S865o

    Steuernagel, Valdir
       Um olhar sobre Maria, serva do Senhor / Valdir Steuernagel. - 1. ed. - São Paulo : Mundo Cristão, 2025.
       192 p.

       ISBN 978-65-5988-382-0

       1. Maria, Virgem, Santa. 2. Cristianismo. 3. Vida cristã. I. Título.

24-94180
                        CDD: 232.91
                        CDU: 27-312.47

Publicado no Brasil com todos os direitos reservados por:
Editora Mundo Cristão
Rua Antônio Carlos Tacconi, 69
São Paulo, SP, Brasil
CEP 04810-020
Telefone: (11) 2127-4147
www.mundocristao.com.br

Categoria: Espiritualidade
1ª edição: janeiro de 2025

Caroline
Michelle
Carolina
Natália
Noras por adoção, filhas do coração

SUMÁRIO

Um prefácio demorado — 9
Agradecimentos — 15
Introdução: Encontrando Maria — 19

   1. A vocação, a identidade e o testemunho — 27
   2. Maria, quem é você? — 39
   3. *Que aconteça comigo* — 65
   4. Maria, em busca de companhia — 87
   5. Canta, Maria, canta! — 101
   6. Maria, a mãe — 125
   7. Maria, a mãe discípula — 143

Conclusão: A espiritualidade do coração — 171
Sobre o autor — 187

UM PREFÁCIO DEMORADO[1]

Eu estive presencialmente com Valdir pouquíssimas vezes. Ele vai dizer que a culpa é inteiramente minha. Por respeito aos seus cabelos brancos, não poderei contrariá-lo.

Acostumada a ouvir preletores e outros humanos cheios de opiniões e conselhos para dar e vender, deixando-me cada vez mais confusa, irritada ou perdida com tantas possibilidades, em todo encontro com Valdir e Silêda eu saio mais leve e mais certa de quem sou. Então, um dia desses pensando: "O que foi que Valdir disse ali?", eu me lembrei: Valdir não disse nada. Não é como estar diante de um oráculo. Valdir é mestre, e como os mestres, ele pergunta porque, primeiro, aprendeu a ouvir.

Como um mestre que aprendeu com o próprio Mestre, para ensinar Valdir conta histórias. Aliás, Jesus preferiu conversar e contar causos a dar aulas. Histórias falam muito mais do que discursos. Um exemplo, uma narrativa, uma coisa que acontece diz muito sem precisar que você faça um discurso depois.[2] Eu amo contar, ler, assistir e inventar histórias, e o Valdir também, e aqui é o que ele faz.

Ele ouve Maria. Ouve a história. Faz perguntas a ela, assim como ele sempre me pergunta também. E que perguntas. Foram as perguntas mais desconcertantes e que me exigiram uma coragem imensa para responder com a verdade.

Ler as respostas de Maria me deixaram mais próxima dessa história que Deus está escrevendo desde o princípio de tudo. Que também é a

---

[1] O primeiro prefácio entregue recebeu a seguinte nota: "Parece que você está com pressa". Este texto presente demorou quatro meses para ser elaborado.
[2] Assisti à Denise Fraga dando uma entrevista na TV Brasil (*DR com Demori*), levei pra vida.

minha história e a história da minha fé. Olhar Maria por estas páginas me ajudou a ter mais certeza — mais ainda do que eu já acreditava — que Deus não quer ser dissecado, ele quer ser experimentado. Ou como diria um outro mestre, Deus não quer que a gente o entenda, mas que o conheça.

O fazer teológico sem submissão ao sopro do Espírito, como diz Valdir, não vai da cabeça ao coração. Não vira inteligência cristalizada, que tem vida e prática. Não sai do coração para a rua. E como as nossas ruas precisam de uma teologia mais humana e que nos faça mais gente! Gente de verdade, improvável, pequena e fraca como Maria, esse tipo de gente que é por onde, ou melhor, por quem, Deus resolve "recomeçar", resolver. Gente que ouve e, mesmo sem entender tudo, diz: "Sim, Senhor! Eis-me aqui". Gente que sabe guardar no coração, não gasta suas forças falando demais, mas encontra resistência no mais profundo dos silêncios. Gente que experimenta de Deus e aguenta as espadas que atravessam a alma.

Sou filha de pastor. Quando eu nasci, meu pai já era pastor. Nascida e criada na igreja, com selo presbiteriano de qualidade (risos!). E, especialmente, sendo filha do meu pai, precisei aprender cedo sobre movimentos inesperados e gerados por visitas e sopros divinos. Um dia, Deus soprou no ouvido do Simonton e, como Maria e José, deslocando-se sem muito ter e entender, meu pai, minha mãe e suas três crianças embarcaram em um ônibus e foram para onde o Sopro sussurrava. Eu, como a criança que era, chorei, esperneei, detestei. Briguei com Deus ainda criança (eu já tinha essas ousadias de brigar com ele: "Não pedi pra ser filha de pastor!", entre outras pérolas). Até que eu mesma experimentei o Sopro.

A experiência de Maria e do José, de ouvir anjo, obedecer e adotar um plano que nem era seu são provas de um Deus que aponta, que movimenta, que dialoga; de uma teologia que convida a uma vida inteiramente emergida. Não dá para ter fé de conta-gotas, a espiritualidade é de encharcar mesmo. Ela molha quem está ao nosso alcance para trazer refresco e alívio da secura do deserto da vida.

A teologia envolve histórias; a minha história, as nossas histórias. Porque nele, de repente, o "eu" vira "nós" e é tudo nosso. Jesus dá Maria, como mãe, para João cuidar, e dá um filho novo para Maria maternar. Nele o pão é nosso, o perdão é nosso, a proteção é nossa, a provisão é nossa e a responsabilidade[3] é nossa.

Por muitos anos, tentei achar a forma certa de estudar as coisas de Deus e ensiná-las. Por vezes, achei que precisava citar muitos autores, ter lido muitos livros e andar no meio de intelectuais. Porém não tinha lugar na mesa para uma adolescente, mulher de cidade pequena. Estudei fora em um seminário com nome grande para poder ter as credenciais boas e certas, mas ainda não era isso. Precisei aprender a ser a Débora e falar como a Débora, para ser esta Débora, para este tempo que Deus me tinha feito. Digo isso porque revisitar a história de Maria nestes dias, nestas páginas, ajudou-me a revisar minhas expectativas e a ressignificar minha própria trajetória. Dessa Maria que precisou aprender a desaparecer das páginas e reaparecer quando foi necessário. Que experimenta, que fala, que cala, que anda, que para, que guarda no coração, que assiste de longe. E isso é tão difícil... saber discernir o tempo de ser e agir.

Eu me embananei muito nesses tempos. No tempo de ser mãe, eu queria ser outras coisas. No tempo de outras coisas, eu queria ser mãe. Mas para me organizar, precisei de uma espiritualidade que fizesse sentido, que me mostrasse a preciosidade do chão em que eu piso e vivo, que me lembrasse que o simples não é simplório e que me ajudasse a viver na vida de agora.

Uma espiritualidade reverente me coloca mais presente e aumenta a minha fé. A fé de que preciso para, às vezes, fechar os olhos e imaginar, porque não há explicação plausível para o que estou ouvindo. Até para imaginar é preciso ter uma experiência com Deus, e com anjo, e com estrela. Para pisar no chão e caminhar a peregrinação é preciso sair da tenda e contar estrelas, sonhar com feixes de trigo. Esse negócio de teologia e espiritualidade exigem muita criatividade e imaginação tremendas para nos aproximar de Deus, de nós mesmos e da realidade. Sem isso a gente se desespera ou se torna arrogante.

A teologia como Valdir conclui em suas últimas páginas (desculpem o *spoiler*) é adoração. Leva-nos a um estado de gratidão e alumbramento, de quebrantamento e humildade. Sem prepotência e arrogância, estamos

---

[3] Não tenho palavra com *p* para isso. Sorry!

mais dispostos à misericórdia. Quem faz teologia sem estar diante de uma "sarça que arde e não se queima" não descobre, de verdade, quem é o Eu Sou, para então ser quem o Eu Sou quer.

O estudo e a aplicação são importantes, mas não há vida sem Sopro. Sem sussurro. Até o cicio suave e tranquilo de Deus é de arrepiar.

Este livro é sobre olhar para Maria e aprender a sermos discípulos como ela foi: confiando na anunciação e apontando para Cristo. É olhando para Maria que aprendo que teologia não é para resolver problemas, mas para encontrar mistério. Aprendo também que a visitação não é fim, mas talvez meio. Interregno. Entre atos. Não é porque fomos visitados que estamos prontos. Pelo contrário. É o começo de um caminho novo e de um novo ser.

Eu sei, isso era para ser um prefácio e não um confessionário ou uma autobiografia, mas olhar para as Escrituras nos coloca diante de um espelho, não é mesmo? A gente se enxerga e graças a Deus vemos Jesus, que nos ajuda a mudar o que precisa. Contei antes que nasci e cresci evangélica num tempo em que éramos muito eloquentes em acreditar e pregar sobre fazer grandes coisas, ser relevantes, montanhas, proeminências e tal. Quando a vida real chegou, eu a menosprezei. E as grandes coisas? Eu era incrível e necessária demais para aquilo! Lendo as histórias da Bíblia, de gente real e humana, no chão da vida, e prestando atenção na Maria, relembro as palavras de Valdir afirmando que "Deus escolhe as coisas pequenas e simples para gestar um caminho absolutamente novo".

Coisas novas só começaram a acontecer na minha vida quando aceitei viver às margens e no simples, quando prestei atenção para ver a grandiosidade do Deus que se faz caber nas pequenezas dos meus dias. Do Deus que me convida ao encontro, ao equilíbrio, à entrega. Do Deus que se importa com os desejos do meu coração e com as minhas angústias também. Do Deus que se faz presente mandando anjo, Simeão, Ana e Isabel para ajudarem a lembrar do anúncio, da promessa, da verdade, e que aparece para quem precisa para explicar o que não consigo.

Porque, das coisas mais corriqueiras da vida até as mais elaboradas, às vezes a gente vai precisar esperar que Deus revele para o colega ao lado. E a Maria me ensina até nisso de ter paciência para esperar a

UM PREFÁCIO DEMORADO

experiência do outro. Quantas vezes eu "ouvi primeiro" e fiquei azucrinando a cabeça do meu marido, Marcos, enquanto eu poderia ter apenas dito "Sim Senhor!" e esperado confiante que nem a Maria. Tem hora que o anjo precisa aparecer para o José entender o que Maria já viu! E eles aparecem, viu? Aguarda e confia, o outro precisa ouvir o anjo também. Enquanto ele não sente o Sopro, ande na sua fé, no sim que você deu "sem nem ter sido, de fato, perguntada".[4]

Em Maria, vejo cair as nossas necessidades de grandezas, de entender (controlar) tudo e de ser compreendida; vejo cair a idolatria e a exaltação de tudo que não é o Altíssimo. A teologia e a vocação não são alvos de nossa adoração, nem ela. Quando Maria adora/canta, ela anuncia e exalta, dá testemunho e desafia os sistemas que estão postos. Aponta para o único, realmente, Altíssimo. Seu cântico dá boa teologia também. O que ela fala é uma boa confissão. Ela era necessitada, pobre, insignificante, mas sua canção fala de esperança, de promessa, de presença, de coisas magníficas, do reino que já é, do Cristo. O que uma pessoa canta diz muito sobre o Deus que ela encontra. A relação de Maria com o Altíssimo é íntima, é real. Ela provou e viu. Não precisou estar pronta, ser grande e ter feito grandes coisas, pois tinha um coração, daqueles contritos e humildes, daqueles que Deus procura e não rejeita. Pois essa é a santidade que pareia com a dele, um coração.[5]

Reler e andar nessa história com Maria nos leva a nos alegrarmos com os que se alegram, a exaltarmos ao Deus que está no controle da história, reconstruindo com misericórdia, e a lamentarmos com os que sofrem. A espiritualidade e a teologia saudável que encontramos nas andanças com essa mulher nos deixam assim, sensíveis e atentos, presentes e disponíveis.

Em um último encontro com Valdir, eu me embestei a perguntar. Falhei miseravelmente. Não tinha perguntas inteligentes ou capciosas para fazer, então resolvi me calar, colocando-me no lugar de aluna que sou. Fazer teologia talvez seja isso também. Atenção e silêncio. Observação e reverência. Às vezes, quem fala ou elucubra explicações demais tem mais dúvidas e incertezas do que aqueles que se recolhem confiadamente em seus silêncios.

[4] Palavras do Valdir, p. 90.
[5] Salmos 38.9; 51.17; 2Crônicas 16.9.

Quem tem o coração calmo, assim, olha para o chão da vida e enxerga o Deus que tudo fez e tudo toca, o Deus que habita e que se apresenta nas crianças, nas mulheres, na natureza e em seu Filho precioso, Jesus. O Deus que não tem medo do espanto e da surpresa e que não se surpreende com a nossa capacidade ou com a falta dela. Ele é Deus. E ele é bom nisso.

Olhar para Maria e se propor aprender sobre como viver esta vida e esta relação com Deus é um presente. Não abra as próximas páginas tentando surpreender seu intelecto sem trazer junto e acordada sua alma, sensível o seu espírito. Há coisas aqui que precisam nos arrepiar os cabelos e abrir nossa boca em júbilo e exaltação involuntários para que sinapses reais aconteçam. Tem coisa que só faz sentido quando perdemos o controle de tudo. Com Maria foi assim.

Que seja feita em nós a sua vontade.

Eis-nos aqui. Atentos.

DÉBORA OTONI
Escritora, mãe e filha (desgarrada) do coração de Valdir

AGRADECIMENTOS

Um livro não se escreve sozinho e as mãos que o fazem vêm de longe e vêm de perto, e a cada uma delas quero expressar a minha gratidão. As mãos de longe fazem parte dessa *nuvem de testemunhas* da qual fala o livro de Hebreus, e estão espalhadas no decorrer deste livro. Alguns nomes são citados e outras obras são referenciadas, mesmo que eu carregue em minha história o DNA de tantas outras mãos. Mãos devidamente autorais pelas marcas deixadas em minha vida e, se não me arrisco a citar os nomes aqui, é porque certamente seria injusto para com nomes não mencionados. Mas dois nomes quero citar, sendo um de ontem e outro de hoje.

O nome dela era Maria, imaginem, e foi a minha primeira professora de culto infantil. Mais do que uma professora, ela era uma hospedeira, pois abria a sua casa, nos sábados à tarde, para as crianças que chegavam, entre elas eu pedalando a minha bicicleta. Ela foi pioneira a me introduzir no mundo das narrativas bíblicas e o fazia com beleza e criatividade, pois era meiga e artista.

O nome de hoje é o da esposa, Silêda, e foi pelas mãos dela que este texto passou, como sempre acontece com o que escrevo. É verdade que a editora faz o seu próprio trabalho de edição e revisão, mas para mim é essencial que o texto passe pela Silêda, minha companheira de vida por quase cinquenta anos. Ela revisa os meus textos com a nota de que me conhece, respeita o meu estilo e tem a suficiente paciência para ler e reler o que escrevo, dando um jeito nas minhas atrapalhadas conjugações e formulações. É ela que tem a autoridade de dizer: "Valdir, isso aqui está confuso", e lá vou eu fazer o meu trabalho de casa com o texto. Obrigado, Silêda.

Ao abrir este livro você encontrará letras. Muitas letras. Mas encontrará também a arte que vai além das palavras, e esta tem nome: Rosana Basile. Como artista que é, Rosana mergulhou nas diferentes narrativas que compõem o livro e sua ressonância se fez arte e suas aquarelas se espalharam, marcaram e enriqueceram o texto. Foi um presente, Rosana. Obrigado.

Publicar com a Mundo Cristão tem sido um privilégio para mim, e toda a equipe desta casa acompanha o processo de publicação com muito profissionalismo, como expresso no meu trato com o editor Daniel Faria. Mais do que um editor, o Daniel tem sido um encorajador de escrita, pelo que agradeço.

Maria disse:
"Sou serva do Senhor.
Que aconteça comigo tudo o que foi dito a meu respeito".

Lucas 1.38

INTRODUÇÃO
Encontrando Maria

Estou vendo. Ela é jovem, bem jovem. O cabelo está preso, a cabeça coberta e os lábios estampam um leve, bem leve sorriso. Aí tem mistério, concluo. Desenhado pela alma, o sorriso não esconde as dificuldades da vida, as dúvidas da madrugada, mas mostra saber de "coisas". O olhar não é simples, mas é gracioso, pois é desenhado pela paz dos que se sabem encontrados e carregados pelo sopro do divino. É o olhar de quem vê além e sabe de coisas que anjos anunciam.

Os olhos carregam, como diria, uma sombra de complexidade. Deixam transparecer algo de medo e de dúvida, mas estão acompanhados de um misterioso toque de certeza, pois ela sabe de onde vem essa sua surpreendente gravidez. Esse saber lhe é tão real como real é esse ventre que já acusa a presença daquele que será o *Filho do Altíssimo* (Lc 1.32), trazendo à memória, uma vez mais, o que o anjo lhe disse. Ela tem o sorriso da escolhida e o olhar de uma vocacionada. Ela é Maria, a *mulher favorecida* (1.28).

Está grávida. É inegável. O ventre vai crescendo e vai pesando, tornando o próprio andar, assim, mais balançado. Mas tem coisa que pesa mais. São os olhares que não escondem uma suspeita que machuca e têm sempre a mesma conotação: "E essa gravidez...?". E tem as vozes. Vozes nem sempre audíveis, mas ainda assim vozes. As vozes de fora, da vizinhança, que nunca deixam de insinuar: "Até você, Maria?". E tem as vozes que vêm de dentro, invadem as noites e agitam o peito: "Por que eu? O que vai ser de mim? José me disse, afinal, que está bem; mas a grávida sou eu e tem hora que parece que vou explodir".

Esta é Maria, repito. Jovem, sorriso gracioso e olhar de quem recebeu visita de anjo. É Maria, a jovem que, tão de repente, virou mulher e não deixa de enfrentar as dificuldades da rotina e do roteiro da vida. Essa "Maria, Maria", para falar com Milton Nascimento em referência a outra Maria, "é um dom, uma certa magia, uma força que nos alerta, uma mulher que merece viver e amar". Ela é "o som, é a cor, é o suor". E "possui a estranha mania de ter fé na vida".[1]

Isabel, sua idosa parenta, também a viu. Ao vê-la chegar a acolhe dizendo: *Por que tenho a grande honra de receber a visita da mãe do meu Senhor?* (Lc 1.43). E eu, posso dizer o mesmo? Na verdade, o que acontece é que tenho tido a honra de ser visitado por uns textos que se tornaram sagrados para mim e neles encontrei Maria e ela me falou de anjos. E com Maria encontrei outras e outros. Encontrei Isabel, Zacarias, Raquel, Ana e Simeão. Gente simples, corajosa, confusa e decidida. Vi gente querendo entender e entendendo que Deus se faz presente ao irromper no nosso presente com a mensagem de que ele não nos esqueceu. Com a mensagem de que está agindo na história e metido de cabeça na promoção da vida, da transformação e da salvação. Vi Maria e vi os seus, especialmente o grande José, homem de fibra e de coragem.

Neste livro eu falo desses textos bíblicos e de como eles continuam a me encontrar, surpreendendo-me, soprando sentido para dentro da minha caminhada vocacional e plantando sementes de esperança que pulsam renovação a cada manhã. Assim, eu sei e importa saber que estou em boa companhia. Em companhia do Simeão profeta quando diz:

> *Soberano Deus, agora podes levar em paz o teu servo,*
> *como prometeste.*
> *Vi a tua salvação,*
> *que preparaste para todos os povos.*
> *Ele é uma luz de revelação às nações*
> *e é a glória do teu povo, Israel!*
> Lucas 2.29-32

Já houve e haverá, eu espero, outros escritos, nos quais falo do que tenho visto e ouvido, em relação a outros textos e personagens. Mas aqui, neste livro, sou específico a ponto de determinar o seu título: *Um olhar sobre Maria, serva do Senhor*.

---

[1] "Maria, Maria", Fernando Brant e Milton Nascimento, 1978.

Apresento aqui o que já andou por aí e, no caminho, foi ganhando toques e retoques. Num primeiro momento nasceu um manuscrito marcado pela inspiração e foi apresentado na abertura de uma semana acadêmica na Faculdade de Teologia Evangélica de Curitiba. Muitos dos meus escritos nascem assim — sob inspiração — e depois eu percebo que eles carecem de transpiração, esse trabalho que procura dar consistência e inteireza aos textos da inspiração. Desta vez não foi diferente, e logo depois da minha apresentação um dos alunos daquela instituição me alertou que eu não havia abordado uma das passagens nas quais Maria tem um papel preponderante. Acolhi o comentário e aprofundei a reflexão, reconhecendo que uma boa caminhada teológica carece da inspiração associada à transpiração. E carece da percepção do outro, que nos enriquece, complementa e desafia.

Apresentei esse texto também, em forma de conferência, numa escola de teologia na Europa. Fazê-lo naquela casa me trouxe algum desconforto (só algum), pois o orgulho do que se entendia ser teologia científica se respirava pelos corredores daquela instituição e eu iria mexer exatamente com esse símbolo. Uns dias mais tarde, quando fui jantar na casa de um dos professores daquela escola, constatei que a minha preocupação não era vã. Em conversa solta, depois do jantar, ele expressou a sua identificação com a natureza do meu trabalho, mas também a sua agonia. A "academia" (para usar uma palavra mágica), ele me deixou saber, diria que o meu texto não era "crítico" e não seria aceito pela comunidade teológica intitulada de científica. Eu sabia! Eu tendia a conversar, por exemplo, com as passagens bíblicas tal como se apresentavam, não submetendo-as adequadamente ao crivo da "alta crítica bíblica".[2] Minha "ingenuidade" não seria aceita. Além disso, eu fugia de uma linguagem marcadamente lógica, conceitual e abstrata e fazia uso da uma hermenêutica narrativa, com seus contos e mais contos. Uma hermenêutica na qual o divino e o humano não se anulam e não se excluem e na qual o humano vai encontrando identidade e relacionalidade à medida que é nutrido pelo sopro do divino. Uma hermenêutica

---

[2] Isso não significa que este texto deixe de considerar as necessárias questões redacionais e exegéticas, que marcam, de diferentes maneiras, as várias passagens aqui mencionadas, como se verificará no decorrer do livro.

que busca sempre encontrar o outro no texto e o discerne brotando para o encontro, a escuta, a conversa e o convite para uma longa caminhada. Um outro que aqui é *outra*, a Maria. Uma hermenêutica que, também, chama e busca pelo outro que está além do texto e que suspira vida, lamenta dores, encontra obstáculos e aninha esperança. Tal como todos nós, humanos, em diferentes lugares e tempos.

Eu sabia a que aquele professor se referia. Aliás, eu tinha sido ensinado a exercitar aquele tipo de "labor teológico"; mas, inquieto, estava em busca de um outro jeito de pensar e falar da fé. Não é, definitivamente, a minha intenção destituir o exercício teológico do seu rigor hermenêutico e da sua seriedade investigativa, mas é minha busca fugir daquilo que Karl Barth chama de "vanglória religiosa, sua causa, sua roupagem, seu efeito".[3] É minha intenção dizer que precisamos colocar o rigor teológico, submisso ao sopro do Espírito, em sintonia com e a serviço do pulsar da vida. Precisamos encontrar uma linguagem que vá da cabeça ao coração, da formulação à ação e do discurso a uma poesia que balança os dramas da vida e dança a esperança que emana do sopro de Deus. Uma teologia que se saiba revestida de sua vocação testemunhal, a partir de uma profunda intencionalidade encarnacional. Uma teologia que se faça comunidade e se mostre humana, reconhecendo vulnerabilidades, medos, dúvidas e perguntas, sempre sonhando o desenho da esperança. Para balbuciar e poetizar assim é que eu queria ter tempo para estar perto de Maria, perceber suas conversas com Deus e seus caminhos, por vezes até atrapalhados, no seguimento a Jesus.

Os caminhos de uma teologia assim têm sido alimentados, muitas vezes e em vários lugares, por nossas mães e pais na fé, e em tempos recentes por vozes que, em muitos casos, brotam no que se tem chamado de "Sul Global". Um endereço no qual vicejam igrejas jovens e dinâmicas e se produz uma teologia que geme, protesta e afirma a necessidade de ser escutada e acolhida como parceira a desenhar os caminhos de uma obediência de fé. Um endereço no qual se encontra a maioria dos pobres, das crianças e jovens que lutam por sobrevivência, cidadania e justiça e no qual carece emergir uma teologia que saiba não apenas conversar com essas diferentes realidades, mas também prover a elas um viés

---

[3] Karl Barth, *Carta aos Romanos*, 5ª edição (São Paulo: Fonte Editorial, 2009), p. 15.

interpretativo e profético e um sinal de esperança que aponta para um caminho novo e um caminho possível. O falecido teólogo John S. Mbiti (1931-2019) deu linguagem para esse anseio, não faz muito, e o fez em diálogo crítico com essa teologia do "Norte Global", da qual temos bebido por tanto tempo. Ele diz assim: "Teólogos das igrejas novas (ou mais jovens), do Sul Global, fizeram a sua peregrinação aos centros de aprendizagem teológica das igrejas mais antigas, do Norte Global. Não tínhamos alternativa. Comemos teologia com vocês; bebemos teologia com vocês; sonhamos com vocês a teologia... Nós os conhecemos teologicamente. A questão é: Vocês nos conhecem, teologicamente? Vocês gostariam de nos conhecer, teologicamente?".[4]

Faz vinte anos que eu primeiro alinhavei o pequeno *Fazendo teologia de olho na Maria*. Ao voltar ao escrito, tantos anos depois, reescrevendo-o e ampliando-o, percebi que havia trabalho a fazer, no objetivo de buscar um pouco mais de intencionalidade quanto aos textos que falam de Maria, para melhor mergulhar na riqueza que nos trazem e no convite que nos formulam. Quando Karl Barth escreve o prefácio à sexta edição da sua clássica *Carta aos Romanos*, ele diz que "os que lerem o livro devem lembrar-se também do fato simples que hoje estou sete anos mais velho, e todos nossos cadernos de exercício precisam, obviamente, ser corrigidos".[5] Assim, Karl Barth foi revendo o que ia escrevendo, sempre aprendendo e interagindo com uma realidade em mudança. Se ele, que era Karl Barth, tinha algo a revisar em seus escritos, não é difícil de imaginar o quanto eu teria de fazê-lo e o fiz com um pouco mais de tempo. Percebi, então, que com tempo se discerne melhor os dramas da vida, as agonias da noite e esse anseio de encontrar pessoas que sabem das coisas, pois sabem de Deus. Pessoas como Maria. Voltei a encontrá-la. O mesmo sorriso, o mesmo olhar e o mesmo jeito de dizer *que aconteça comigo*.

A escritora Isabel Allende, falando do seu primeiro livro, *A casa dos espíritos*, diz que este salvou a sua vida e descreve assim o seu processo de escrita: "Escrevo tateando no silêncio e no caminho descubro partículas

---

[4] Citado por Tom Osanjo, "Mourning the Death of John Samuel Mbiti, 'Father of Modern African Theology'", Religion Unplugged, 11 de outubro de 2019, <https://religionunplugged.com/news/2019/10/12/mourning-the-death-of-john-samuel-mbiti-father-of-modern-african-theology>.
[5] Barth, *Carta aos Romanos*, p. 19.

de verdade, pequenos cristais que cabem na palma de uma mão e justificam minha passagem por este mundo".[6] Eu certamente não diria que este presente livro salvou a minha vida, mas posso afirmar que o encontro com personagens bíblicos como Maria tem tido um profundo impacto na minha vida, tornando-me mais saudoso do divino, mais quieto para melhor escutar o outro e mais perceptível para com o humano.

Isabel vai mais além e, sendo mulher e mãe, fala com a autoridade que eu certamente não tenho: "O alegre processo de gerar um filho, a paciência de gestá-lo, a fortaleza de trazê-lo à vida e o sentimento de profundo assombro no qual culmina, só posso compará-lo à criação de um livro. Os filhos, como os livros, são viagens ao próprio interior, nas quais o corpo, a mente e a alma mudam de direção, voltando-se ao centro mesmo da existência".[7] Em ressonância à autora, eu diria exatamente isso, ainda que precise usar uma outra linguagem, sempre apontando para este centro da existência onde corpo, mente e alma se encontram e onde a própria vida adquire o seu sentido. Um sentido que, para mim, nasce no e do encontro com o Eterno que nos visita com uma presença e uma palavra que destoa e orienta, ainda que nos deixe perplexos e mudos, como aconteceu com o velho sacerdote Zacarias. A palavra-presença do anjo em sua vida lhe foi simplesmente demais. O que aconteceu com ele nos é contado assim: *Ao vê-lo* [um anjo], *Zacarias ficou muito abalado e assustado. O anjo, porém, lhe disse: "Não tenha medo, Zacarias! Sua oração foi ouvida. Isabel, sua esposa, lhe dará um filho, e você o chamará João. Você terá grande satisfação e alegria, e muitos se alegrarão com o nascimento do menino, pois ele será grande aos olhos do Senhor"* (Lc 1.12-15).

Zacarias orou, desanimou, suspeitou, emudeceu, e depois cantou: *Graças à terna misericórdia de nosso Deus, a luz da manhã, vinda do céu, está prestes a raiar sobre nós, para iluminar aqueles que estão na escuridão e na sombra da morte e nos guiar ao caminho da paz* (1.78-79).

Cante, Zacarias, e me ensine a cantar! Me espere, para que eu possa cantar com você, alinhados a este *Benedictus*, do qual Lucas diz: *Então seu pai, Zacarias, ficou cheio do Espírito Santo e profetizou* (1.67)!

---

[6] Isabel Allende, *Paula* (Nova York: Harper Libros, 1994), p. 17.
[7] Ibid., p. 25-26.

E assim escrevo. Para mim mesmo. Para esperançar a minha alma, aquietar o meu corpo e orientar a minha mente. Mas escrevo também para as tantas Marias e os tantos Josés que povoam nossas igrejas, se movimentam no apertado espaço de uma pequena casa, gastam um tempo enorme para ir ao trabalho, fazem das tripas coração para cuidar bem dos filhos e filhas e vão assim caminhando com Deus de forma intensa e bonita. Eu escrevo para poder aprender com a Maria de ontem e as Marias de hoje, para que possamos escutar e abraçar o que o anjo disse àquela Maria: *Alegre-se [...] não tenha medo* (1.28-29).

1
A VOCAÇÃO, A IDENTIDADE E O TESTEMUNHO

Muitas das coisas intensas e definidoras da nossa vida acontecem nos movediços anos que nos levam da adolescência para a juventude. Anos nos quais vozes novas são bem-vindas, podendo nos levar por caminhos não imaginados. Com a jovem Maria não foi diferente. Depois que ela, assustada, deparou-se com um anjo a saudá-la, a sua vida nunca mais foi a mesma.

É verdade que as vozes e as decisões daqueles anos costumam passar, mais tarde, por perguntas, turbulências e (re)direcionamentos que acabam dando substância e amadurecimento às opções da juventude. Opções que então nos pareciam cativantes, mas nos anos da adultez e com o tom da maturidade se mostram complexas, difíceis e até confusas, ainda que afirmativas, como também acontece com Maria e sua dificuldade de entender os caminhos e as opções de Jesus, como ainda veremos (Mc 3.31-35).

Assim foi com Maria, e Maria ela sempre será, e assim acaba sendo conosco, mesmo com jeitos e cenários diferentes. Quanto a mim, vou revirando minha memória para reencontrar e me alimentar das escutas e discernimentos que vieram a determinar o desenho da minha vida. As escutas que viram nascer as primícias da vocação e chegaram, olhe só, como toque divino. Descrevê-las aquece o coração e afirma vocação, ainda que nunca estejamos livres do risco da ilusão ou do desencontro. Revisitar a memória faz sorrir e nos lembra da visita do Eterno.

Se bem recordo, eu tinha uns doze anos quando me percebi "sussurrado", se é que essa é a melhor palavra para descrevê-lo. Foi (será que foi?) lá no pátio da igreja que eu me percebi envolto em algo como "eu poderia vir a ser um pastor". Algo solto. Episódico. Sem nenhuma influência familiar ou institucional, pois da igreja eu participava apenas nominalmente. Foi isso e só isso. Logo me voltei para a minha bicicleta, a bola de futebol e as meninas, que começavam a ocupar o meu centro vivencial. Mais adiante fui trabalhar num desses escritórios que precisavam de um "faz-tudo", enquanto cursava, à noite, o técnico de contabilidade. É que esse curso técnico noturno podia ser pago com o meu trabalho diurno, sempre acompanhado da bicicleta que me levava para lá e para cá. Simples assim. Sem grande emoção.

Então o "sussurro" voltou e resolveu ficar. Aliás, resolveu fazer barulho e eu, em meio aos meus dezessete anos, percebi que "Deus estava me chamando", na linguagem que passei a usar. Isso significava que eu iria estudar teologia, embora o meu círculo familiar visse nesse anúncio um "fogo de palha" que passaria com a ilusão da adolescência. Mas não passou e, aos dezoito anos, mudei de Joinville, Santa Catarina, para São Leopoldo, Rio Grande do Sul, onde ficava a Faculdade de Teologia da Igreja Evangélica de Confissão Luterana, e um novo capítulo começou na minha vida. Bendito "sussurro" do Eterno, que me colocava num endereço no qual minha vida tomaria um rumo bem diferente.

Acabei mergulhando em pedaços da minha história. Desculpe. O foco deve ser a Maria, e eu sou apenas eu e apenas isso. Nenhuma mistura, por favor. Mas misturas acontecem quando "sussurros" têm endereço e vocações têm particularidades e quando a obediência se instala como resposta e nos percebemos na roda que se forma em torno dos que escutaram e discerniram o sopro do Eterno em suas vidas. Um sopro que vem acompanhado de um Deus que sorri, que nos chama para si, nos torna comunidade e nos envia em seu nome. Agraciados somos, como Maria o foi.

Voltando para Maria, o fascínio quanto ao que aconteceu e como aconteceu continua e inspira. Afinal, como foi? Como foi que ela recebeu, assimilou, processou e verbalizou a visita do anjo? Uma visita que foi sendo transformada em absoluta realidade a partir da ausência da menstruação. A tudo ela foi percebendo em seu jovem corpo. Ela estava grávida. Grávida do Altíssimo, sua vocação estava sendo desenhada e sua vida reconfigurada. Uma vocação inesperada, intensa e complexa a encontrar eco existencial nas palavras de Pedro quando já não descortina qualquer outra possibilidade de vida e assim se pronuncia diante de Jesus: *Senhor, para quem iremos? O Senhor tem as palavras da vida eterna.*

Nós cremos e sabemos que o senhor é o Santo de Deus (Jo 6.68-69). Vejo a Maria balançando a cabeça e dizendo, com aquele seu sorriso: "É assim mesmo. É assim mesmo".

Assimilar e abraçar esses processos que vão "do sussurro para o endereço vocacional" não é simples nem linear, é intenso e afirmativo. Envolve toda a vida e leva a vida toda. Eugene Peterson afirma a importância de gestar a obediência, diríamos vocacional, como uma longa caminhada na mesma direção, o que é expresso no título de um dos seus livros, *Uma longa obediência na mesma direção*. Ele destaca duas palavras-chave nessa "longa caminhada", que são *discípulo* e *peregrino*. O *discípulo* é o aprendiz de Jesus que se encontra numa crescente relação de aprendizado com ele, buscando adquirir "habilidades na fé" e não mera informação. Ser *peregrino* aponta para o fato de saber-se parte de um povo que está a caminho do encontro com Deus, na consciência de que Jesus é esse caminho. Aqueles que decidem por essa peregrinação vão deixando "pegadas" e não se transformando em meros "monumentos". Um monumento, diz Peterson, usando expressão de William Faulkner, diz apenas "pelo menos cheguei até aqui", enquanto uma pegada diz "era aqui que eu estava quando segui adiante".[1] E seguir adiante é buscar as pegadas de Jesus rumo ao seu reino e nelas se aprofundar.

Apresentar um texto que capta a caminhada de vida e fazê-lo, neste caso, em conversa com Maria é um desafio e uma aventura. A isso chamo de teologia. Uma teologia em diálogo com Maria. Uma teologia que abraça a vida, desafia a vida, conversa com a vida e encontra uma linguagem que dá espaço para o *mistério* e o seu processamento e para a gestação de uma obediência vocacional que se transforma em testemunho de vida por toda uma vida.

Quando li Frederick Buechner e o encontrei, em seu livro *Sacred Journey* [Jornada sagrada], lutando com a sua vocação, balancei a cabeça afirmativamente. "Toda teologia, assim como toda ficção, é, em seu cerne, autobiografia", ele diz e continua: "O que um teólogo essencialmente faz é examinar, tão honestamente quanto possível, os cantos e os recantos

---

[1] Eugene H. Peterson, *A Long Obedience in the Same Direction* (Downers Grove, IL: InterVarsity Press, 2000), posição Kindle 131-132, 190. [No Brasil, *Uma longa obediência na mesma direção*. São Paulo: Cultura Cristã, 2019.]

da sua própria experiência, com todos os seus altos e baixos, seus mistérios e seus fios soltos. É expressar em termos lógicos e abstratos tudo quanto ele encontrou e sabe ser verdade acerca da vida humana e acerca de Deus". E tem mais: "Decidi tentar descrever minha própria vida da maneira mais evocativa e sincera que pudesse, na esperança de que os lampejos de verdade teológica que eu acreditava ter vislumbrado nela brilhassem, em minha descrição, mais ou menos por conta própria".[2]

Mesmo que eu nem consiga ser intenso e profundo como Buechner, o que apresento aqui tem um inegável toque autobiográfico. Representa bastante da minha jornada e expressa muito do meu objetivo e da minha luta para abraçar uma compreensão de quem Deus é, do que ele faz, bem como de como e onde ele o faz. Fazer isso, percebo surpreso, não é um mero caminho no qual se busca a Deus, pois é ele quem nos encontra. Mas é um caminho para dentro, para o encontro com as próprias vulnerabilidades e para com a própria incredulidade. E um caminho para fora, no encontro com o desafio de alinhavar a vocação na moldura da geração à qual eu pertenço, da qual sou fruto e à qual fui enviado.

É assim que vamos nos perceber fazendo teologia, e isso acontece em comunidade. A comunidade dos vocacionados por Deus para serem dele e viverem para ele. A comunidade hermenêutica que busca oferecer a Deus a sua vida, como expressão de adoração a ele, servindo-o em sua geração, bem assim como Paulo disse acerca de Davi: *depois que Davi fez a vontade de Deus em sua geração, morreu e foi sepultado* (At 13.36). Fazer teologia, portanto, é o exercício no qual todos os cristãos se veem envolvidos e do que são partícipes. John Mbiti nos contempla com uma linguagem na qual isso se expressa de forma inclusiva e rica. Ele diz assim: "A teologia não é o monopólio dos confortáveis, dos seguros, dos altamente educados, dos ricos. Ela também pode vir das canções e hinos dos camponeses enquanto eles cultivam a terra; das orações improvisadas de pais cristãos enquanto cuidam de seus filhos doentes; dos sermões desorganizados do catequista da aldeia; da liderança carismática de um fundador analfabeto de uma igreja independente; do velho que está imerso na vida religiosa tradicional, que se converteu, juntamente com as suas várias esposas e muitos filhos, à fé cristã, e que está tentando

---

[2] Frederick Buechner, *Sacred Journey* (Nova York: Harper & Row, 1982), p. 1.

entendê-la".[3] A teologia, portanto, como o sacerdócio, é de todos os santos, cuja formulação nos foi legada por Lutero na clássica expressão que afirma o sacerdócio, em seu amplo sentido, como sendo de todos os santos.[4]

À medida que este texto vai se configurando, aprendizados, confissões e tensões vão se tornando visíveis. A começar pela confissão, pois me reconheço hoje menos pronto do que ontem quanto aos meus arrazoados doutrinários e discursos conceituais, reconhecendo a arrogância embutida na própria formação teológica. Lembro que um dos motos, na faculdade de teologia onde estudei, é que lá se formavam teólogos e não pastores, ainda que de lá se saia para o ministério pastoral. Uma cilada que refletia o orgulho de estar mergulhado numa formação teológica que se anunciava como cognitiva, cerebral e discursiva. Esse orgulho, reconheço, careceu ser desconstruído no encontro com a complexidade da vida, a limitação do cognitivo e as contradições existenciais, na busca por uma espiritualidade mais sagrada e mais humana. Hoje me encontro, grato, a gaguejar diante de Jesus as palavras daquele pai perplexo e angustiado diante da pergunta se ele cria: *Eu creio! Ajuda-me na minha falta de fé!* (Mc 9.24, ARA). Foi isso que aquele pai disse, segundo a narrativa, e é exatamente isso que eu ando dizendo. Mas hoje me encontro, também, na companhia dos discípulos que, logo após aquele episódio perturbador, nada perguntaram a Jesus quanto à fé do pai, mas sim quanto ao seu próprio sentimento de impotência e derrota. Afinal, diante de um menino possesso eles não conseguiram exercitar nenhuma autoridade libertadora, e perguntam a Jesus por que isso acontecia. O texto diz assim: *Depois, quando Jesus estava em casa com seus discípulos, eles perguntaram: "Por que não conseguimos expulsar aquele espírito impuro?".* Ao que Jesus respondeu: *Essa espécie só sai com oração* (9.28-29).

Viver e pensar a fé requer joelhos trêmulos, numa tremedeira que deve atravessar a vida. Uma imagem que me acompanha é a reação de Moisés

---

[3] Ver Tom Osanjo, "Mourning the Death of John Samuel Mbiti, 'Father of Modern African Theology'", Religion Unplugged, 11 de outubro de 2019, <https://religionunplugged.com/news/2019/10/12/mourning-the-death-of-john-samuel-mbiti-father-of-modern-african-theology>. É importante entender que Mbiti está falando a partir do seu universo africano.

[4] Ver "Sacerdócio geral", in *Dicionário de Lutero*, Volker Leppin e Guty Schneider-Ludorff, eds. (São Leopoldo, RS: Sinodal/EST, 2021), p. 1010-1011.

diante da presença de Deus, na sarça ardente, quando Deus lhe diz quem ele é: *"Eu sou o Deus de seu pai, o Deus de Abraão, o Deus de Isaque e o Deus de Jacó". Quando Moisés ouviu isso, cobriu o rosto, porque teve medo de olhar para Deus* (Êx 3.6). Um mistério. À medida que se aproxima de Deus Moisés cobre o rosto, vivenciando a intensidade dessa presença com os olhos cobertos. No movimento rumo a Deus, se percebe não apenas quem Deus é — *Eu Sou o que Sou* (3.14) —, mas também quem nós somos, no reconhecimento de que diante de Deus nem as sandálias podem ficar nos nossos pés, seja literal ou metaforicamente. *Não se aproxime mais*, diz Deus a Moisés; *tire as sandálias, pois você está pisando em terra santa* (3.5).

É em mistério que se encontra a Deus e se chega mais perto dele com os olhos cobertos. E nesse movimento vamos percebendo quem nós somos, com nossas sandálias empoeiradas pelos desvios da vida. Então, diante desse mistério, nem as nossas sandálias conseguem permanecer nos nossos pés, para continuar com a imagem desse encontro de Moisés com Deus. Hoje percebo de forma mais clara do que ontem que vemos a Deus de forma mais chegada através dos olhos cobertos. Quiçá, espiando a sua presença por entre os nossos dedos.

Surpreso, concluo que reverência, ao invés de distância, produz proximidade. A proximidade pela qual a alma anseia e na qual Deus nos encontra. A proximidade dele para conosco, apesar da poeira acumulada em nossas sandálias.

Há tempos, na teologia, para os olhos cobertos, mas há, também, tempo para os olhos abertos e para o coração pulsando. Olhos que veem o que está acontecendo e um coração que discerne o tempo que se vive para que se geste uma atitude relacional que tenha a marca do engajamento e da compaixão, especialmente para com as vítimas deste nosso tempo que é sempre tão injusto e excludente para com tantos e tantas. No seguimento a Jesus, portanto, somos marcados e contagiados pelo viés da encarnação. Uma encarnação modelada por Jesus e que não poderia ser mais real do que a que ele vivenciou entre nós ao nascer, viver e morrer em nosso meio. A fé cristã não nos afasta da realidade e não nos enche de medo dela. Pelo contrário, ela nos impele a mergulhar na realidade, um mergulho no qual nos identificamos com o outro, seja em nossa mútua humanidade, seja em nosso intento testemunhal. Desde os anos da minha tenra adultez eu fui sendo mentoreado na direção de uma teologia do caminho, como aprendi com John Mackay.[5] Uma teologia que, como já mencionado em outro livro, não se sente confortável numa "sacada" distante, mas encontra o seu *locus existencial* "lá onde acontecem os encontros e desencontros, as agonias que desencaminham e os roteiros que apontam caminhos".[6]

Quando entrei na Faculdade de Teologia se vivia o entardecer de uma espécie de "batalha teológica" na qual os estudantes se dividiam entre "barthianos" e "bultmannianos", em referência a dois dos teólogos que monopolizaram muito da teologia europeia no século 20 e que tinham significativa influência naquela casa de formação.[7] É importante dizer que essa casa de formação estava situada no sul do Brasil e os mencionados teólogos eram um suíço e o outro alemão, numa evidência de que o endereço local tinha pouca importância no processo da gestação teológica. Quando eu lá cheguei, no entanto, não me senti compelido e nem deu tempo para fazer uma opção por um dos lados indicados, pois o clima dessa "batalha teológica" se estava esvaindo e estava nascendo uma outra teologia, a Teologia da Libertação. Esta, sim, era uma teologia com endereço. Ela nascia enraizada no continente latino-americano, com suas profundas injustiças socioeconômicas, suas fortes experiências ditatoriais, seus processos discriminatórios e racistas quanto aos povos originários e inclusive mestiços, bem como marcado por quatro séculos de uma presença de cristandade importada da Europa. Enquanto essa teologia vinha cativando grandes setores do mundo católico romano e grupos minoritários do mundo protestante ecumênico,[8] eu me

---

[5] Juan A. Mackay, *Prefácio a la Teologia Cristiana* (Cidade do México: Casa Unida de Publicaciones, 1984), p. 35-38. Nessas páginas o autor descreve o que seria essa teologia "desde el Balcón" e o que ele chama de "teologia del Camino".

[6] Valdir Steuernagel, *Fazendo teologia de olho na criança* (São Paulo: Mundo Cristão, 2023), p. 202.

[7] Karl Barth (1868–1968) ficou conhecido como o teólogo da neo-ortodoxia, por sua crítica à teologia liberal, ainda que rejeitasse essa qualificação, enquanto Rudolf Bultmann (1884–1976) ficou conhecido como o teólogo da desmitologização.

[8] Por mundo "protestante ecumênico" me refiro a várias das denominações protestantes históricas que mantinham significativos vínculos com a Europa e estavam integradas ao Conselho Mundial de Igrejas, que havia sido formado em 1948 e tinha a sua sede na Suíça.

vi enveredando e sendo formado por uma vertente que afirmava a sua identidade evangélica ao mesmo tempo que procurava encontrar caminhos de enraizamento profético e testemunhal nessa mesma realidade latino-americana.[9] Foi no berço da Aliança Bíblica Universitária (ABU) e da Fraternidade Teológica Latino-Americana (FTL) que encontrei homens e mulheres que me mentorearam e me mostraram um caminho de vida no qual o seguimento a Jesus era norteador de vida, as Escrituras eram centrais, a comunidade era vital e um testemunho encarnado, em meio às dores de nossa sociedade, carecia ter o rosto de Jesus e o aroma do seu gosto por gente. Foi nessa vertente que vi nascer dentro de mim o desejo de perceber e aprender o ritmo da dança e o assobio da música do meu povo. Eu carecia e queria ser alguém com endereço e identidade. Alguém que, encontrado por Jesus, mapeasse as suas andanças testemunhais inspirado nos caminhos da Galileia, que foi o endereço ministerial de Jesus. Alguém que, a partir desse mapeamento e inserção real, buscasse discernir o outro "quando e onde o sapato aperta", sem deixar de perceber os próprios calos.

É a esse testemunho evangélico que me volto.

O texto, o contexto e a linguagem

Há dois movimentos que carecem se encontrar e sincronizar neste livro. Num deles, eu abro a Bíblia e nela encontro um intenso convite para uma conversa com a minha identidade e a minha vocação. A palavra que brota deste livro, afinal, é convidativa e envolvente, ganhando um lugar de enorme autoridade. Uma autoridade que cativa e não espalha. Essa palavra faz brotar histórias de vida e reflete personagens que falam muito sem falar demais e geram profundos encontros. No contexto deste escrito eu me encontro com os textos que falam de Maria, que tem me desafiado, com destaque, na área da disponibilidade e da simplicidade. Ela me ministra e eu me sinto ministrado. Ela convida a entrar

---

[9] Ver Valdir Steuernagel e C. René Padilla, orgs., *Raízes de um evangelho integral* (Viçosa, MG: Ultimato, 2021); e Valdir Steuernagel, org., *Caminhos de um evangelho integral* (Viçosa, MG: Ultimato, 2023). Ambos os livros oferecem um roteiro dessa teologia evangélica e missional na América Latina.

nessa hermenêutica da vida que não consegue se ver livre de Deus e não quer se ver longe dele. Ela fala de uma chegada de Deus em nossa vida de tal maneira que a marcará por todos os seus dias. Ela não tem uma vida fácil, mas testemunha de uma vida com sentido e com propósito. Um testemunho digno de ser recebido como inspirador e modelador de uma obediência àquele a quem ela também obedeceu: Jesus Cristo.

O outro movimento deste livro tem relação com o endereço da vocação e da linguagem acerca dessa vocação. Esse movimento me leva de volta à casa teológica, já referida antes, onde passei bons anos da minha vida e que teve importante papel em minha formação. Ali passavam, de tempos em tempos, teólogos europeus, especialmente alemães, com o objetivo de nos ministrar. Eles vinham como convidados e compartilhavam os seus conhecimentos em língua alemã. Há, nessa língua, uma palavra especial para esse tipo de palestra: *Vorlesung*, que pode ser traduzido como "leitura pública". As palestras haviam sido preparadas, o texto estava escrito e seria lido para a audiência. Era assim que devia ser, pois teologia era coisa séria, bem formulada e transmitida com cuidado; e isso nós respeitávamos e admirávamos. Mas não eram apenas europeus que vinham nos ensinar. Um dia apareceu Rubem Alves, que, na época, ainda se movimentava no universo teológico. Um mestre na arte da comunicação e no uso da linguagem. E lá estava ele diante de nós, sem púlpito e sem texto na mão, caminhando de um lado ao outro do auditório e expondo o seu tema num tom coloquial. Então eu disse para mim mesmo: Eu quero ser *assim*. Preciso aprender a ser *assim*.

Uma ilusão, é claro. Só Rubem Alves pode ser Rubem Alves, esse mestre das histórias e da linguagem, enquanto eu era um menino educado em escola pública, aprendendo o português quase como uma segunda língua e procurando apreender o alfabeto teológico de outro endereço. Sempre serei um "misturado" se debatendo em apreender e aprender. A escutar e a discernir. A se engajar e a servir. Aprendi que mergulhar na Palavra de Deus e discernir o caminho de Deus é moto de vida e que requer muita transpiração e simultânea inspiração. Requer horas de concentração mergulhado no texto bíblico, procurando entender o que quer dizer e o que significa aquilo que diz e buscando ouvir o que outros já disseram, tanto no decorrer da história como em endereços além do meu. Significa ansiar por palavras, entendimentos e uma linguagem que seja fiel ao texto, sensível ao coração de Deus e a serviço do outro em seu exato momento e lugar de vida, a começar em mim. Significa suspirar pelo Espírito para aprender a poetizar as coisas de Deus. Cresci indo à escola de pés descalços e descalço busco estar ainda hoje.

Mas teve mais, e para me referir a isso abro, rapidamente, duas janelas. Ao abrir a primeira janela me vejo diante de mim mesmo e da minha história, marcado pela necessidade de saber das coisas e de dominar e controlar todas as situações. Marcado por essa ânsia de formular propostas e estratégias que cultivem certezas, ainda que, na prática, acabem afastando os outros e se mostrando como simplesmente burras. Burras. Nessa janela, graças a Deus, me vejo também em fuga. Fugindo de uma espiritualidade que não vá além do cerebral e de uma teologia que não saiba ou não queira se movimentar além do conceitual e seja marcada, vezes sem conta, por enorme suspeita, grande ceticismo e intestina incredulidade.

Ao abrir a outra janela eu vislumbro várias pessoas que me acolheram e me mentorearam. Elas me convidaram para uma jornada que conduzia à intimidade com Deus e à descoberta da minha própria interioridade, descortinando diante de mim uma espiritualidade que é alimentada pelo eterno e celebra a humanidade. Essa história é mais longa do que o propósito deste livro comporta, mas quero dizer que nessa escola da espiritualidade eu descobri a profundidade de uma relacionalidade do acolhimento e um outro jeito de olhar para Deus e de falar das coisas de Deus, de mim e, também, do outro. Fui invadido por outra linguagem. Nela se contam histórias e nela se mergulha numa hermenêutica narrativa na qual o texto nos diz que quer viver e quer conversar com a nossa vida, com seus cantos e desencantos, suas curvas e suas retas. E é assim que eu chego a este escrito.

No encontro com Maria, como desenhado pelos textos bíblicos, vou encontrando ressonância para a minha fuga e para o meu encontro. Assim, eu a vislumbro me convidando para essa espiritualidade da escuta do Eterno, da resposta visceral que acolhe a palavra do Eterno e desse jeito de traçar caminhos de obediência que vão gestando encontros e definindo vocação até chegar aos pés da cruz e se aninhar na comunidade dos que creram e oraram, como aconteceu com ela.

Ao mergulhar na continuidade deste livro não vai ser difícil, eu espero, que a ressonância a Maria nos leve ao encontro de Jesus. E não vai ser difícil, também, perceber a busca por uma linguagem que consiga dizer *que aconteça comigo*. Mas para isso se requer mais do que linguagem. Se requer atitude. Maria a teve e nela me inspiro.

Sejam bem-vindos, pois, a esta desajeitada literatura de cordel produzida em desalinhadas narrativas por alguém de sobrenome complicado. Bem-vindos a esta busca por uma veia de brasilidade na pena do rabisco teológico. Eu queria muito, de verdade, adicionar jeito, cor e sabor a essa dança da obediência da fé.

2
MARIA, QUEM É VOCÊ?

De Maria nem se sabe tanto assim, mas dela tem-se falado muito. Impressionante. No seu livro sobre "Maria no decorrer dos séculos", Jaroslav Pelikan diz que é seguro afirmar que Maria, no Ocidente, "tem sido o nome mais frequentemente dado a meninas por ocasião do batismo". E diz também que ela, entre todas as mulheres, deve ter sido, na história, a que foi mais retratada "na arte e na música".[1]

Quanto ao testemunho bíblico, dela não se fala muito. Nas cartas do apóstolo Paulo, que são os primeiros escritos a circular na comunidade cristã, o nome de Maria nem é mencionado. A única referência que ele faz a ela é quando diz que Jesus foi *nascido de uma mulher* (Gl 4.4). No Evangelho de Marcos, que, segundo muitos estudiosos, foi o primeiro escrito evangélico a circular nessa comunidade, a referência a Maria é escassa e até crítica. Nesse Evangelho ela e seus familiares fazem parte daqueles que têm uma postura crítica diante de Jesus e não daqueles que o seguem (Mc 3.31-35). Como diz Tim Perry, Marcos substitui o anonimato de Paulo com a ambiguidade,[2] em sua referência a Maria.

É quando se chega aos evangelistas Lucas e Mateus que encontramos um pouco mais de material a respeito de Maria. Mateus, no entanto, está bem mais ocupado com José, e fala de Maria de forma, digamos, indireta, deixando-a na sombra, lá onde a sua cultura a colocaria e preferia ver. É como se Mateus se sentisse incomodado em dar preponderância a Maria e não soubesse bem o que fazer com ela e seu papel neste relato

---

[1] Jaroslav Pelikan, *Mary Through the Centuries: Her Place in the History of Culture* (New Haven, CT: Yale University Press, 1996), p. 1-2
[2] Tim Perry, *Mary for Evangelicals: Toward an Understanding of the Mother of our Lord* (Downers Grove, IL: InterVarsity Press, 2007), p. 40.

quanto ao nascimento e à tenra infância de Jesus. A sua narrativa (Mt 1—2), no entanto, nos presenteia com dimensões bem importantes e únicas quanto a essa família na qual José é o pai e a Maria é a mãe deste que identificarão como *Emanuel, que significa "Deus conosco"* (Mt 1.23).

Lucas, não. Ele é direto e claro acerca de Maria. Ele aprecia o lugar dela no cenário evangélico, embora não deixe de apontar para a "ambiguidade" no seguimento a Jesus, a qual Marcos evidenciava. As narrativas específicas quanto a Maria — sua vocação para a maternidade, a moldura do nascimento do seu filho, sua apresentação e estada no templo, como recém-nascido e como adolescente — vêm dele, ainda que não se saiba onde ele (Lc 1.26—2.51) e Mateus arranjaram essas informações. Parece ser material cultivado na memória de pessoas que conviveram com Jesus, na consciência de que, como diz Clodovis Boff, "a biblioteca do judeu do tempo de Cristo é sua memória".[3] Material esse que, no caso de Lucas, passou pelo crivo anunciado no início do seu evangelho quando diz que só o publicou depois de *investigar tudo detalhadamente desde o início*, a fim de que o seu endereçado, Teófilo, tivesse diante de si um relato que lhe desse *plena certeza de tudo que lhe foi ensinado* (1.3). É assim e com essa legitimidade que recebemos esses relatos e o fazemos com gratidão especial a esses dois evangelistas.

A variedade de material que temos nesses dois Evangelhos, quanto ao nascimento e à infância de Jesus, enriquece, aprofunda e até confunde a nossa percepção de Maria e dos acontecimentos em torno dela. Em seu amplo estudo a esse respeito, Raymond Brown apresenta os pontos em que Mateus e Lucas coincidem e que poderiam ser assim resumidos:

- Maria e José eram legalmente comprometidos, mas ainda não viviam juntos quando o nascimento de Jesus lhes é anunciado.
- Esse nascimento é anunciado por um anjo e sua concepção será pelo Espírito.
- O nome do nascido, pertencente à descendência de Davi, será Jesus e foi anunciado como o Salvador.

[3] Frei Clodovis M. Boff, OSM, *O cotidiano de Maria de Nazaré* (São Paulo: Ave-Maria, 2014), p. 87.

- A criança nascerá em Belém, após José e Maria estarem vivendo em matrimônio, ainda que sem relação sexual.[4]
- O nascimento acontece no período do reinado de Herodes e a criança crescerá em Nazaré.[5]

Ao arrolar estas dimensões, no que se refere ao nascimento e a infância de Jesus, nos percebemos pisando em solo firme e sagrado, reconhecendo que cada evangelista tem o seu específico que, por vezes, nos leva a perceber discrepâncias quanto a acontecimentos e processos históricos. Apenas Mateus, por exemplo, fala dos magos, da fuga para o Egito, da matança dos inocentes e da volta a Nazaré, apenas depois deste período. Já Lucas, e só ele, fala do censo que determinou a ida de José e Maria a Belém, dos pastores indo ao encontro do recém-nascido, da apresentação de Jesus no templo, antes de voltarem a Nazaré, e do relato segundo o qual Jesus, aos doze anos, permanece no templo enquanto seus pais o buscam por três dias.

No decorrer deste livro conversaremos com esses diferentes relatos, fugindo da tentativa de querer harmonizá-los, em respeito à intencionalidade dos evangelistas, cujo objetivo é levar-nos ao encontro de Jesus, através da apresentação de todo o seu material, e do seguimento a ele.

Enfim, chegamos ao Evangelho de João, que deve ter sido o último a circular. Ele nada fala sobre o nascimento e a infância de Jesus e nos apresenta a mãe dele, sem mencionar o seu nome, já adulta e em dois momentos. No primeiro, ela aparece numa festa de casamento, onde ocupa um lugar de destaque, ainda que passe por algum desconforto. No segundo, Maria se encontra aos pés da cruz, por ocasião da crucificação de Jesus, quando ele expressa preocupação filial para com sua mãe e a "entrega aos cuidados" do discípulo a *quem ele amava* (Jo 19.26).

Para além dos quatro Evangelhos, vamos encontrá-la em meio a cento e vinte discípulos, entre os quais estão os onze discípulos diretos de

---

[4] Lucas ainda usa a expressão *noiva* (Lc 2.5) ao se referir à relação entre José e Maria, por ocasião da chegada a Belém. É de Mateus que se deduz que eles já haviam passado da relação de *prometida em casamento* (Mt 1.27) para uma relação matrimonial, pois diz que José *recebeu Maria como esposa* após a orientação do anjo (Mt 1.25-26).

[5] Raymond E. Brown, SS, *The Birth of the Messiah: A Commentary on the Infancy Narratives in the Gospels of Matthew and Luke* (Nova York: Doubleday, 1994), p. 34-35.

Jesus, além de *algumas mulheres e também Maria, mãe de Jesus, e os irmãos dele* (At 1.14), como nos diz o autor do livro de Atos, que é o mesmo do Evangelho de Lucas. Ele é quem mais aprecia Maria e sua vocação e, em sua última referência a ela, registra a sua presença na comunidade dos discípulos. Aliás, é bom vê-la lá, pois é para este lugar que ela acaba nos convidando e no qual também nós devemos estar.

Então Maria desaparece.[6]

A história de Maria não é fácil e nem linear. Ela é complexa. Surreal. Envolvente. Misteriosa. Sagrada.

Perguntas acerca dela têm emergido, persistido e fascinado no decorrer da história. Perguntas importantes e marcantes, que acabam marcando o desenho da própria fé cristã.

> Como foi mesmo?
> Maria teve uma gravidez anunciada por anjo?
> Ela ficou grávida pelo Espírito e um anjo confirmou isso a José, seu anunciado esposo?
> Maria deu à luz um menino que seria o cumprimento de uma longa esperança messiânica? Esperança salvadora?
> Ele seria filho de Maria, filho do Altíssimo, e teria José como seu pai adotivo?
> E tudo isso aconteceria a partir dessa pobre e desconhecida Nazaré?

Perguntas cheias de mistério a serem repetidas no decorrer do tempo, como se vê na própria história da fé cristã.

É importante que as perguntas não fiquem soltas, mas sejam vinculadas à narrativa dos Evangelhos e sua intencionalidade. Ou seja, que os relatos acerca de Maria e o nascimento de Jesus sejam discernidos a partir dessa mesma intencionalidade evangélica. Paradoxalmente, nos diz Brown, os Evangelhos foram desenvolvidos a partir da cruz e da ressurreição, como indicam os primeiros sermões no livro de Atos e o

---

[6] Há uma corrente interpretativa que afirma a referência a "a mulher", em Apocalipse 12.1-6 e 13.17, como sendo a Maria. Quanto a isso concordamos com Tim Perry quando diz que foi a partir do fechamento do cânone do Novo Testamento, no século 5, que essa interpretação ganhou espaço e como tal não a abraçamos. Ver *Mary for Evangelicals*, p. 113.

próprio ministério paulino, que ele mesmo resume assim: *Eu lhes transmiti o que era mais importante e o que também me foi transmitido: Cristo morreu por nossos pecados, como dizem as Escrituras. Ele foi sepultado e ressuscitou no terceiro dia, como dizem as Escrituras* (1Co 15.3-4). Foi a partir dos eventos da cruz e da ressurreição, pois, que os discípulos chegaram a uma "compreensão mais adequada acerca de quem Jesus realmente era". E foi a partir deles que se passou a olhar mais detidamente para os anos de ministério de Jesus, com os seus ensinamentos, suas ações e andanças, especialmente pela Galileia.[7] Foi também nesse universo que os evangelistas Mateus e Lucas foram se voltando para a infância de Jesus e para o desenho do seu nascimento, pois as perguntas quanto a estes não demoraram a surgir. Quanto mais o evangelho de Jesus se anunciava e era abraçado, tanto mais se queria saber acerca das circunstâncias do seu nascimento, crescimento e ministério. E quanto mais tempo passava tanto mais distante se ficava dos acontecimentos históricos, tornando a busca por fontes e tradições mais difícil e até sensível, no que se refere à sua historicidade. Historicidade essa que, como tal, nem era o objetivo primordial dos evangelistas, que acabaram nos apresentando narrativas teológicas enraizadas em eventos históricos. Ben Witherington, em referência às narrativas da infância de Jesus, diz que esses autores nos apresentaram "história teológica".[8]

É importante ressaltar, portanto, que os Evangelhos estão focados na mensagem da salvação e como tal foram desenhados e compartilhados. A preocupação biográfica estava longe do horizonte daqueles que foram costurando os Evangelhos e ao se debruçarem nos relatos do nascimento e infância de Jesus mantiveram esse foco. Voltamos a Brown quando ele afirma que essas narrativas expressam "a essência das boas-novas", ou seja, "que Deus se fez presente para nós na vida de seu Messias que caminhou nesta terra, tão verdadeiramente presente que o nascimento do Messias foi o nascimento do Filho de Deus".[9]

No decorrer do livro vamos nos dedicar a várias das narrativas quanto ao nascimento desse Messias. Antes disso, porém, vamos mergulhar na

---

[7] Brown, *The Birth of the Messiah*, p. 26-27.
[8] Citado por Perry, *Mary for Evangelicals*, p. 46.
[9] Brown, *The Birth of the Messiah*, p. 7.

genealogia de Jesus, como apresentada por Mateus e Lucas, em busca do encontro com a intencionalidade desses dois autores. Confesso que genealogias não me atraem e nunca havia prestado atenção nessas duas. Mas, ao perceber que precisava mergulhar nelas, me surpreendi com o que elas significam e o que querem nos dizer, pois, nas palavras de Brown, elas "contêm a teologia essencial do Antigo e do Novo Testamentos".[10]

Genealogias falam!

Mateus abre o seu Evangelho com a genealogia de Jesus e o faz de forma descendente. Começando por Abraão, ele passa por três ciclos de catorze gerações até chegar a *José, marido de Maria* (Mt 1.16-17). Lucas introduz a sua genealogia um pouco mais tarde, por ocasião do início do ministério público de Jesus, e o faz de forma ascendente, iniciando com Jesus, que era *conhecido como filho de José* (Lc 3.23), e concluindo com Adão, que *era filho de Deus* (3.38). Ainda que diferentes, essas genealogias apontam na mesma direção: Jesus é descendente de Davi e, como tal, se encontra na linhagem da promessa messiânica. Ele é o renovo que brotou da linhagem de Jessé, pai de Davi (Is 11.1).

Genealogias são importantes na história do povo de Israel, pois indicam identidade e continuidade. A identidade aponta para a vocação do povo de Israel, como indicado pela referência a Abraão, o primeiro nome na genealogia de Mateus. A continuidade aponta para essa vocação que vai se configurando de geração em geração e que tem em Davi o seu ponto focal, tanto no que se refere a um momento de glória quanto à construção do povo de Israel, como a referência à escolha do próprio Davi no estabelecimento da linhagem que levaria ao Messias. Os Salmos apontam para isso em várias ocasiões. O salmo 132, por exemplo, diz que *O SENHOR fez um juramento solene a Davi e prometeu jamais voltar atrás: Colocarei em seu trono um de seus descendentes;* e logo adiante diz que *Se os seus descendentes obedecerem aos termos da minha aliança e os preceitos que eu lhes ensino, sua linhagem real continuará para todo o sempre* (Sl 132.11-12). Também o profeta Isaías aponta nessa direção, articulando uma promessa mediante a qual um novo tempo será inaugurado. Um tempo no qual o renovo que

---

[10] Ibid., p. 596.

brotará da linhagem de Jessé, o pai de Davi, instaurará um reino que tem a sua marca. *Ele terá prazer em obedecer ao S*ENHOR*; não julgará pela aparência, nem acusará com base em rumores. Fará justiça aos pobres e tomará decisões imparciais em favor dos oprimidos*, diz Isaías, e o fará numa dimensão que abraçará todas as nações: *Naquele dia, o descendente de Jessé será uma bandeira de salvação para todo o mundo. As nações se reunirão junto a ele, e a terra onde ele habita será um lugar glorioso* (Is 11.3-4,10).[11]

As genealogias têm diferenças substanciais entre si, pois devem ter tido fontes diferentes, como também autores diferentes, públicos diferentes e até agendas diferentes. Mateus, como vimos, inicia a sua genealogia com Abraão, enquanto Lucas vai além, chegando a Adão. Assim, enquanto Mateus quer demonstrar a origem legítima de Jesus, filho de José e descendente de Davi, e sua relação com a vocação do próprio povo de Israel, como expresso por Abraão, o horizonte de Lucas é mais amplo e aponta para uma vocação universal. Aponta para Adão, incluindo a todos em todos os tempos, até chegar a Jesus, que está iniciando o seu ministério. Jesus inicia sabendo quem ele é e de onde veio. Sabendo que foi gerado pelo Espírito, no ventre de Maria, com a nota de que teria uma vocação para além de Abraão. Isso o devoto Simeão deixa claro, como veremos adiante, quando aponta para Jesus como aquele que foi preparado para ser *revelação às nações* (Lc 2.32).

As genealogias deixam claro que muita coisa estava em jogo. Muita coisa carecia ser configurada e reconfigurada, apontando tanto para a continuidade quanto para a ruptura que se estabelecia com a chegada de Jesus e a forma como acontecia. Havia uma herança a ser afirmada, uma continuidade a ser estabelecida e, ao mesmo tempo, um novo desenho a ser pautado, com as suas necessárias rupturas. Deus estava fazendo algo novo que havia sido prometido no passado e que Jesus chamou de reino de Deus. O evangelista Marcos conseguiu juntar estas diferentes dimensões dizendo que *o tempo prometido* havia chegado, o *reino de Deus* estava próximo e havia boas-novas a serem acreditadas (Mc 1.15).

As genealogias representam, portanto, um pontapé essencial nesse processo que, simultaneamente, afirmava continuidade e boa novidade; era evangelho. Mateus o faz imediatamente, já na abertura, como vimos,

---

[11] Ver ainda 2Samuel 7; Salmos 78.68-72; 89.3-37; Amós 9.11; Miqueias 5.2.

enquanto Lucas o faz um pouco mais tarde, no início do ministério público de Jesus (Lc 3.23) e logo após este ser batizado por João Batista. Como testemunho da magnitude do que estava acontecendo na ocasião, os céus se abrem, o Espírito desce sobre o recém-batizado e a *voz do céu* declara, para não deixar dúvida e para que todos soubessem: *Você é meu filho amado, que me dá grande alegria* (3.22).

O desafio não é pequeno, o que acabou ficando evidente no decorrer da história da igreja quando se conversa, muitas e muitas vezes, sobre o que de fato aconteceu, como tudo teria acontecido e quem era, afinal, esse Jesus, filho de Maria e filho do Altíssimo. Pois, como disse Inácio de Antioquia (c. 30/35-98/107 d.C.), cedo na história, "nosso Deus, Jesus Cristo, foi carregado no ventre de Maria".[12] A dimensão e a tensão quanto à percepção de quem, de fato, estava no ventre de Maria acabou gerando muita conversa e conflitos no decorrer da igreja antiga, desembocando numa definição aprovada, ainda que não de forma unânime, no Concílio da Calcedônia (451 d.C.) com o seguinte teor: "Fiéis aos santos padres, todos nós, perfeitamente unânimes, ensinamos que se deve confessar um só e mesmo Filho, nosso Senhor Jesus Cristo, perfeito quanto à divindade, e perfeito quanto à humanidade, verdadeiramente Deus e verdadeiramente homem, constando de alma racional e de corpo; consubstancial [*homooysios*], segundo a divindade e consubstancial a nós, segundo a humanidade".[13]

A decisão desse Concílio nos acompanha até hoje e estabeleceu uma base na qual a igreja de Cristo se movimenta, ainda que não tenha eliminado a dimensão de mistério que havia marcado a vinda de Jesus. Aliás, um bom mistério.

Para o propósito deste texto apontamos para duas dimensões desse mistério. O primeiro deles poderia ser designado como "caminho messiânico". Nascer de uma virgem, ainda não completamente casada e

---

[12] Ver Timothy George, "Evangelicals and the Mother of God", *First Things*, fevereiro de 2007, <https://www.firstthings.com/article/2007/02/evangelicals-and-the-mother-of-god>.

[13] H. Bettenson, *Documentos da Igreja Cristã* (São Paulo: ASTE, 1963), p. 86. Gerald Bray comenta que "o Concílio de Calcedônia marca uma virada na história do pensamento teológico. Uniu as tradições ocidentais e orientais numa unidade que não seria vista novamente, embora o preço pago por isso no Oriente fosse muito elevado"; *Creeds, Councils & Christ* (Downers Grove, IL: InterVarsity Press, 1984], p. 163. O preço é referência aos vários processos de exclusão que houve e haveriam de marcar a história da igreja.

oriunda de uma escondida comunidade chamada Nazaré, se constituía numa "inaceitável surpresa". Uma surpresa que se tornou realidade, pois foi assim que o Messias nasceu e anjos, insisto em dizer, anjos deixaram isso bem claro. Maria e José o sabiam. Pastores no campo e sábios que vieram do Oriente o sabiam. Ana e Simeão o declararam por ocasião da apresentação de Jesus no templo, isso sem esquecer o anúncio dado por ocasião do batismo do próprio Jesus.

Deus estava fazendo algo novo e abrindo caminho para uma nova experiência, um novo encontro e uma nova esperança. Enquanto Mateus e Lucas vão descrevendo, geração após geração, como se chega a José, o pai de Jesus, casado com Maria, o autor de Hebreus descreve esse fenômeno, anos mais tarde, numa linguagem sintética: *Por muito tempo Deus falou várias vezes e de diversas maneiras a nossos antepassados por meio dos profetas. E agora, nestes últimos dias, ele nos falou por meio do Filho, o qual ele designou como herdeiro de todas as coisas e por meio de quem criou o universo* (Hb 1.1-2). Esse Jesus, nascido de Maria e adotado por José, era, pois, o Messias prometido, o filho de Deus.

A segunda dimensão desse mistério é que Deus estava configurando esse caminho através da jovem Maria. Dar a uma mulher um lugar-chave no desenho do cumprimento messiânico era altamente tenso, pois rompia com os paradigmas de uma sociedade patriarcal, com a sua hierarquia e seus costumes. Ao procurar uma ponte para introduzir Maria como a mãe do prometido Messias, o evangelista Mateus vai abrindo caminho para quatro mulheres em sua genealogia. Além de isso ser altamente incomum, pois nas genealogias quem gerava eram homens, as mulheres que ele introduz têm histórias não convencionais e complicadas. Elas refletem experiências e caminhos que apontam para o fato de serem ora estrangeiras, ora marcadas por artimanhas, ora envolvidas em atividades complicadas como a prostituta Raabe, no objetivo, como diz Perry, de apontar para a dimensão universal e inclusiva de Jesus.[14] Uma dimensão que viria a incluir santos e pecadores, judeus e gentios, como prefigurado por Tamar, Raabe, Rute e Bate-Seba, todas incluídas na genealogia de Jesus, apesar de suas histórias de vidas desalinhadas em

---

[14] Perry, *Mary for Evangelicals*, p. 49.

relação aos ritos e costumes seguidos pelo povo de Israel e tão enfatizados pelos seus líderes religiosos.

Ao introduzir essas mulheres, Mateus preparava o terreno para chegar também a Maria. Uma Maria que viria a ocupar um lugar-chave não apenas na genealogia do povo de Israel, mas naquilo que Deus estava fazendo de novo na e a partir da vocação do seu povo. Anjos falaram com ela e os céus se movimentaram para deixar claro que aquele a quem ela daria e deu à luz era o prometido de Deus. Os pastores, nos campos próximos a Belém, o lugar onde Jesus nasceu, foram testemunhas dessa realidade, num comovente cenário: *De repente, um anjo do Senhor apareceu entre eles, e o brilho da glória do Senhor os cercou. Ficaram aterrorizados, mas o anjo lhes disse: "Não tenham medo! Trago boas notícias, que darão grande alegria a todo o povo. Hoje em Belém, a cidade de Davi, nasceu o Salvador, que é Cristo, o Senhor! Vocês o reconhecerão por este sinal: encontrarão o bebê enrolado em faixas de pano, deitado numa manjedoura"* (Lc 2.9-12).

Assim, as genealogias vão abrindo caminho para o fato de que a ação de Deus é contínua no decorrer da história e independe da engessada representatividade e ação humana. Aliás, as mulheres mencionadas não são as únicas a representar histórias de vida difíceis e complicadas, sem nem mencionar os homens que as engravidaram. Como diz Brown, a lista de nomes apresentados na genealogia aponta para pessoas incompetentes e escandalosas e para reis que não honram a instituição que representam. A genealogia, diz ele, ilustra "a graça e a gratuidade da escolha de Deus",[15] que está tão bem representado na sua escolha de Maria para ser a mãe de Jesus. Uma jovem simples e oriunda de uma "escondida" Nazaré.

Na introdução ao seu escrito sobre o *Magnificat*, Lutero nos leva a um significativo encontro com Maria, como expressão de que Deus atua em meio às pessoas simples e pobres das quais ela era uma expressão. Deus, diz Lutero, desde a própria criação, sempre atuou de cima para baixo. Ou, como ele diz, "os olhos de Deus olham somente para baixo, nunca para o alto", referenciando, entre outros, Salmos 113.5-7 que diz: *Quem se compara ao Senhor, nosso Deus, entronizado nas alturas? Ele se inclina para ver o que acontece nos céus e na terra. Levanta do pó o necessitado e ergue do lixo o pobre.* Como Deus é aquele que está mais alto e "nada

---

[15] Brown, *The Birth of the Messiah*, p. 595-596.

existe acima dele", ele olha "fatalmente para baixo". Então Lutero vaticina: "Quanto mais baixo alguém está, melhor Deus o enxerga". E foi assim que ele enxergou a jovem Maria: "Maria não era filha de gente importante em Nazaré, sua cidade natal, mas de um cidadão simples e pobre. Não tinha nenhuma importância nem estima especial. Foi uma moça comum no meio dos vizinhos e suas filhas, que cuidava dos animais e dos trabalhos domésticos. Não era nada diferente de uma pobre doméstica de hoje, que faz o que é mandada".[16]

Mas, então, Lutero surpreende. Ele caminha na conhecida direção de que Jesus era descendente de Davi, como destacado pelas genealogias, e faz alusão ao broto que emerge do tronco de Jessé, para destacar que esse tronco estava abandonado. Ou seja, "a casa real de Davi, pobre e desprezada, era como um tronco morto", no tempo de Jesus. "Justamente", continua Lutero, "quando a casa real de Davi chegara ao topo de sua insignificância, Cristo nasceu do tronco desprezado, da humilde e pobre mocinha". Que desse tronco morto nasça um broto não deixa de ser sobrenatural, assim como foi sobrenatural que isso acontecesse através de Maria. Assim, diz Lutero, "acredito que ela [Maria] é chamada de 'tronco' ou 'raiz', não somente por ter sido mãe de forma sobrenatural, como virgem, mas porque é sobrenatural que de um tronco morto nasça um broto".[17]

Os diferentes caminhos que têm traçado o mapa dessa encarnação de Deus em nossa história através de uma jovem virgem têm motivado muita conversa, e uma conversa que começou bem cedo na história. Começou na composição e circulação dos próprios Evangelhos. Eles o fizeram de forma particular e diferente um do outro. O fizeram com cuidado e com afinco, cativados por aquele Jesus que os havia convidado para uma nova experiência e uma nova e longa caminhada de vida.

Cedo na história da igreja se decidiu que essas narrativas, como encontradas nos Evangelhos e só neles, eram essenciais e normativas e, por isso, os pais da igreja foram fechando o círculo em torno delas. Como diz James Orr, já Ireneu da Gália, em torno do ano 175 d.C., reconheceu quatro e apenas quatro Evangelhos como os "pilares" que "sustentam a Igreja".

---

[16] Martim Lutero, *Magnificat: O louvor de Maria* (São Leopoldo, RS/Aparecida, SP: Sinodal/Santuário, 2015), p. 13-15.
[17] Ibid., p. 15-16.

E Orígenes, no início do segundo século (220 d.C.), se refere a esses quatro Evangelhos como aqueles que "são os únicos incontroversos na Igreja de Deus espalhada sob os céus", para citar apenas duas referências.[18]

Mas a conversa não parou nesses quatro Evangelhos. Ela foi mais além e caminhou em direções que acabaram gerando confusão na busca por apontar para uma "explicação lógica" e um "entendimento possível" quanto a esse Jesus que, nascido do Espírito, foi gerado no ventre da Maria ainda não desposada. Esse incômodo os evangelistas mantiveram e nele os líderes da igreja antiga insistiram, mesmo que tenham surgido várias tentativas de explicação. Menciono aqui duas delas.

Na primeira, faço referência ao bispo Eusébio da Cesareia (c. 265 d.C.–339 d.C.), conhecido como o "pai da história da Igreja", pelo seu trabalho pioneiro nesta área. Nas "Cartas a Estêvão" (*Stephanum* 1.4), a ele atribuídas, se percebe o seu incômodo e o seu esforço na busca por encontrar uma proposta mais palatável quanto à concepção de Jesus envolvendo Maria. Ele diz assim: "Nem seria proveitoso revelar publicamente que a concepção e o nascimento de Jesus, de Maria, não eram obra de José, porque certamente a Virgem teria sido, de fato, acusada, sob a lei de Moisés, por ter perdido a virgindade antes do seu casamento. É por isso que as Escrituras indicam corretamente, com precisão, que 'antes de se unirem, ela achou-se grávida'. Isto nos diz, mais ou menos explicitamente, que sua concepção não foi pré-nupcial, ou antes de ela ir morar com o marido, mas ocorreu depois que ela se casou com José, foi morar com ele e foi publicamente reconhecida como sua esposa. Foi quando eles estavam juntos, prestes a ter relações conjugais, que no exato momento 'antes de se unirem, ela achou-se grávida do Espírito Santo'. Ora, essa foi uma dispensação totalmente prática para evitar que se tornasse de conhecimento geral".[19]

Na segunda tentativa, faço referência ao "Protoevangelho de Tiago". Quando se sai dos quatro Evangelhos e vai para os chamados textos

---

[18] Ver James Orr, ed., *The Protevangelium of James* (Edimburgo: CrossReach Publications, 2016), p. 4.

[19] Ver Andrew Koperski, "Eusebius on Mary and Joseph's Marriage", *Ad Fontes — Ecclesiastica Anecdota*, 20 de junho de 2023, <https://adfontesjournal.com/andrew-koperski/eusebius-on-mary-and-josephs-marriage/>.

apócrifos,[20] as tentativas explicativas se tornam mais explícitas e até mais ostensivas, quando não especulativas. Neles se encontram detalhes da vida de Maria e de sua família, bem como da infância de Jesus. O mencionado "Protoevangelho de Tiago", um dos mais antigos nesta categoria (c. 150–200 d.C.), se concentra na vida de Maria e nos eventos que antecederam o nascimento de Jesus. Diz que os pais dela se chamavam Joaquim e Ana e que Maria foi concebida como um milagre, pois sua mãe era estéril. Cedo foi dedicada ao templo, onde passou sua infância e se distinguia pela sua santidade. O que se destaca nesse texto, no qual não vamos nos aprofundar, é a tentativa de estabelecer uma narrativa que aponta para a origem de Maria, o contexto aceitável de seu matrimônio, sua gravidez e para o fato de que tudo aconteceu num universo onde o templo era central e em torno do qual a espiritualidade se configurava.[21]

Mas não foi esse o caminho pelo qual os pais da igreja caminharam, decidindo fechar o cânone em torno das narrativas integradas nos quatro Evangelhos, como expresso no Novo Testamento. A essa decisão me submeto neste livro.

Sou filho de uma escola teológica na qual as Escrituras têm um lugar primário e prioritário, tendo a tradição um papel secundário, ainda que, muitas vezes, norteador. Uma tradição que, nas palavras de Perry, "precisa ser entendida antes de ser acessada".[22] Neste escrito eu reflito essa minha tradição e me movimento, hermeneuticamente falando, dentro do universo dos textos que as Escrituras apresentam, fazendo-o com sagrada e curiosa reverência. Uma reverência que escuta e silencia diante de passagens que são sempre mais do que as palavras que compõem uma

---

[20] Os livros apócrifos do Novo Testamento surgiram e circularam, em diferentes lugares, nos primeiros séculos da era cristã. Eram textos que emergiram em paralelo aos livros do NT, em sua forma literária, mas eram destituídos do "conteúdo apostólico" segundo o discernimento dos pais da igreja envolvidos na delimitação do bloco de livros a compor o NT, o que viria a ser identificado como os livros canônicos. Ou seja, verificou-se um significativo distanciamento entre os livros que vieram a compor o NT e aqueles que careciam de "conteúdo apostólico" e tinham uma forte entonação de imitação e até de imaginação. Ver "Apocryphal, New Testament", in *The New International Dictionary of the Christian Church*, J. D. Douglas, ed. (Grand Rapids, MI: Zondervan, 1987), p. 54-55.
[21] Orr, *The Protevangelium of James*, p. 8, 16-32.
[22] Perry, *Mary for Evangelicals*, p. 267.

ou outra frase. Uma reverência que convida para a busca da compreensão do texto e do seu contexto, com os instrumentos de pesquisa necessários e disponíveis, sempre procurando discernir a intencionalidade dos seus autores e seus respectivos convites para uma conversa conosco. Querer mais do que olhar para a interpretação da Maria no decorrer da história está bem além da minha expertise, da minha intencionalidade e do escopo deste livro. O que não significa que diferentes textos e autores não possam ser convidados a enriquecer e até ajudar a nortear as conversas que vão compondo o roteiro deste trabalho, na consciência de que "os pais da igreja", como nos ensina Perry, "nos ensinam a ler as Escrituras". Ainda que tenham uma autoridade secundária na construção teológica, eles representam uma espécie de "pedra de toque" nesta nossa leitura interpretativa.[23] Assim afirmamos a historicidade da nossa fé.

Também sou filho de uma teologia que enfoca e se move, sempre novamente, em torno de Cristo. Cristo é o ponto de partida e o ponto de chegada nos seus processos hermenêuticos. Estes olham para o passado (leia-se, o Antigo Testamento), vivem no presente e olham para o futuro (o Novo Testamento) sempre perguntando pelo fator cristológico ou, como diria Lutero, perguntando por aquilo que focaliza e promove a Cristo,[24] pois nele existimos e nele nos movemos, como Paulo ensinou (At 17.28). No presente caso, isso significa que olhar para Maria e aprender com ela tem como objetivo o encontro com Cristo e o seguimento a ele. Mas isso não é peculiar somente a uma tradição, como a minha, e pode ser visto mais amplamente. Perry dá testemunho disso ao escrever no livro já mencionado: "Aprendi, com prazer, que esse é o ponto: Os cristãos do Oriente e do Ocidente, os católicos romanos e os protestantes são fascinados por Maria porque somos fascinados por Jesus. Ela orienta os fiéis para longe de si mesma, sempre para seu filho".[25]

Em sintonia com essa minha caminhada histórica, este livro vai sendo desenhado em torno dos textos canônicos, numa conversa de escuta com Maria. Os textos serão recebidos como se apresentam, na consciência de

---

[23] Ibid., p. 119.
[24] A expressão usada por Lutero, "*was Christus treibet*", é de difícil tradução e se poderia usar a dupla expressão "focalizar e promover a Cristo" para lhe dar sentido.
[25] Perry, *Mary for Evangelicals*, p. 15.

que eles passaram pelas mãos dos evangelistas e das comunidades nas quais se movimentaram e a partir das quais expressavam a sua intencionalidade testemunhal, como anteriormente descrito. Acolhemos os textos como um convite a desempenharem um papel primaveril em nossa vida. Um papel de gestação de identidade e de vocação testemunhal. Ao mergulhar nessas narrativas, no afã de conversar com elas, sintonizo com as palavras de Howard Marshall ao comentar o relato da anunciação de Jesus (Lc 1.26-38). Ele diz assim: "O escritor usou termos extraídos da tradição bíblica para descrever um evento secreto e misterioso. Permanece possível que essa linguagem, embora de coloração mitológica, testemunhe algum acontecimento real que não pode ser descrito em termos literais e que permanece velado em mistério. A investigação histórica e literária pode nos levar até aqui e não além disso".[26]

São esses textos, pois, com todo o seu colorido sagrado e misterioso, que aqui nos levam ao encontro de Maria. Uma Maria que nos convida, para ressaltá-lo novamente, a uma teologia do caminho. Nela encontramos uma mulher que ao ofertar a Deus o seu ventre, lugar mais íntimo da fertilização da vida, não somente experiencia um momento mágico, quanto à vivência religiosa, mas se vê embarcando numa luta de vida. Ainda que, por vezes, tenha sido lenta em entender a missão daquele a quem deu à luz e tenha passado por momentos difíceis quanto a acompanhá-lo em sua missão, ela não abandona o caminho de sua vocação e ao final é vista como aquela que não foge do encontro com o desígnio do filho e está aos pés da cruz. E, depois disso, é encontrada na comunidade dos seguidores do Nazareno, onde ela é mais uma entre esses e onde nos quer encontrar também. Maria é a mulher cujas opções de vida se constituem nos melhores capítulos de uma teologia vital. Pois, como Isabel lhe disse, *você é abençoada, pois creu no que o Senhor disse que faria* (Lc 1.45). Uma teologia que, a partir de sua identidade cristã, como diz Frances Young, não tem a vocação de "resolver problemas", mas de "gerar encontros com o mistério".[27] E disso Maria entende.

---

[26] I. Howard Marshall, *The Gospel of Luke: A Commentary on the Greek Text* (Grand Rapids, MI: Eerdmans, 1978), p. 76.
[27] Frances Young, ed., *Encounter with Mystery* (Londres: Darton, Longman and Todd, 1997), p. xi.

Este, na verdade, não pretende ser um escrito sobre Maria. Mais que isso, é uma reflexão que quer nos levar a olhar para Maria e com ela aprender a ser discípulo de Jesus. Reconhecendo, como diz T. George, que o evangelho foi proclamado em primeiro lugar a ela e que ela foi a primeira pessoa a proclamá-lo. "Maria", ele diz "é chamada a 'arauta' das boas-novas de Deus. Não podemos ignorar a mensageira, pois a mensagem que ela transmite é sobre a salvação do mundo".[28] Maria é, afinal, como Isabel disse e nos ensina a reconhecer, a *mãe do meu Senhor* (Lc 1.43).

Deus tem muitas "Marias"

Enquanto vou passeando por entre os meandros da vida dessa Maria que canta e dança, sofre e agoniza a sua vocação para ser não apenas a *mãe do meu Senhor*, mas também a *discípula do meu Senhor*, vou lembrando de outras mulheres que fizeram esse caminho no seguimento a Jesus e foram fonte de inspiração na minha vida. O evangelista Mateus lembrou de outras mulheres e as incluiu em sua linha genealógica. Eu também gostaria de lembrar de algumas delas. Umas poucas. Bem poucas.

Minha mãe, Isolde, foi uma delas. Ao final de sua vida ela foi tomada por um câncer cerebral, daqueles que se espalham rápido e fazem com que as coisas se misturem em nossa cabeça, como ocorreu com ela. As mulheres do seu círculo, na sua igreja local, a haviam convidado para que lhes ministrasse a palavra mais uma vez, e nós, preocupados, a cercamos de cuidado, receando que ela falasse alguma "bobagem". Ela foi e bobagem nenhuma falou na sagrada hora da ministração, na qual a palavra que pronunciava era inspirada e assegurada pelo Espírito. Depois do seu sepultamento, limpando as suas gavetas, fomos encontrando as anotações, em diversas agendas, das diferentes ministrações com as quais ela havia edificado a vida de tantas mulheres no decorrer dos anos.

Mas é preciso lembrar que a mãe Isolde não era oradora de profissão e passou a vida sendo costureira. Foi junto à máquina de costura que ela passou horas, dias e anos de sua vida e onde também exerceu a sua vocação de ministrar a outros. Eu mesmo trazia comigo o fruto do seu

---

[28] George, "Evangelicals and the Mother of God".

trabalho ao vestir, por anos e anos, as calças e as bermudas que ela fazia sob medida para mim. Algumas delas uso até hoje, anos após o seu falecimento. Na confecção das calças, na cozinha do salão comunitário da igreja, na visita carinhosa a uma vizinha, na ministração junto ao grupo de mulheres e no cuidado para com os filhos e os netos ela foi exercitando a sua vocação e foi nos inspirando com sua graça, fidelidade e serviço. O seu nome era Isolde e ela sabia quem era o "seu Senhor". E nós também sabíamos que ela sabia. Grande dona Isolde! Ela era do tamanho da Maria, nessa surpreendente métrica do reino. E, no seu tamanho, Deus a viu, a encontrou e a chamou para si. Ao repassar, ela mesma, as instruções para o seu sepultamento, percebia-se claramente que ela conhecia quem a chamara e sabia para onde ia. Os hinos que ela gostaria que cantassem davam testemunho dessa realidade e a instrução de que, no caixão, devia estar "bem bonita para o encontro" apontava na mesma direção. "Não me coloquem numa camisola branca de morta. Não tem nada a ver comigo", ela instruiu. De fato, não tinha nada a ver com ela e com o fato de que ela sabia quem era, a quem pertencia e para onde iria.

E tem a "dona Hilma", a quem sempre chamei assim. Nunca consegui dizer simplesmente "Hilma", pois dona ela era. Ela, por outro lado, nunca conseguiu me chamar de "Valdir" e sempre me dizia "pastor Valdir", ao que acabei me submetendo, pois fazia parte da sua herança religiosa e cultural. Dona Hilma faleceu nem faz muito e a última vez que ligamos para ela foi por ocasião dos seus noventa anos. Ocasião em que percebemos, uma vez mais, que ela sabia quem era "o seu Senhor" e para o encontro com ele se preparara. É interessante, pois eu convivi com ela e o seu esposo apenas por quatro anos, nos quais Silêda e eu pastoreamos e fomos pastoreados pela Comunidade São João, de identidade luterana e que estava historicamente plantada no centro de Pelotas, no Rio Grande do Sul. Isso aconteceu no início dos anos 1980, mas nunca a esqueci e sempre que ia para aquelas bandas fazíamos questão de ir encontrá-la em casa ou na igreja. Dona Hilma era uma mulher simples e dedicada, oriunda do interior de Pelotas; e quando conheceu a Deus, mergulhou nos Evangelhos e teve a sua vida moldada por eles. Conhecia a sua Bíblia, era fiel à sua igreja, cuidava e orava por nossa família e cada vez que íamos à sua casa fazia uma sopa deliciosa para nós e as crianças;

e, na hora da despedida, sempre saíamos com uns quitutes e um vidro de conserva preparado por ela. Dona Hilma foi uma mulher que serviu a Deus com zelo e com perspicácia. Achava um jeito de me fazer saber quando eu havia dito algo que lhe ficara preso na garganta, num dos meus sermões impetuosos. Como uma mulher de Deus, ela vivia a sabedoria de Deus, discernia as coisas bem e ministrava a um jovem pastor como eu. Ministrava, acompanhava e intercedia. Grande dona Hilma! Ela também tinha o tamanho da Maria.

E tem também a dona Lúcia. Nunca mais ouvi falar dela, mas a ela carrego em minha memória. Eu era bem novo, iniciava os meus estudos na Faculdade de Teologia, mas, ávido por espaços ministeriais, acabei investindo parte de minhas férias de verão, nos idos anos de 1971, num estágio na Comunidade Luterana de Ponta Grossa, no Paraná. E lá estava a dona Lúcia. Uma verdadeira diaconisa a acompanhar um aprendiz no pastoreio. Ela, já com os seus cabelos brancos, me acompanhava e orientava em minhas andanças ministeriais. Ela conhecia a comunidade e tinha para com os seus membros carinho e sabedoria pastoral. Um carinho estendido também a mim, enquanto me ensinava os caminhos do cuidado pastoral. Cuidava de mim, me orientava e até sorria diante de algumas das minhas gracinhas juvenis. A comunidade, com sua estrutura pastorcêntrica, não lhe dava o devido reconhecimento, mas eu sou fruto do seu cuidado e dou testemunho do seu pastoreio fiel e despretensioso. Ela era uma santa, como Maria, e na comunidade vivia e servia, também como Maria.

Não creio que Maria, a *mãe do meu Senhor*, se importe em ser colocada ao lado da mãe Isolde, da dona Hilma, da dona Lúcia e de tantas outras mulheres que no decorrer da história se colocaram a serviço de Deus e no seguimento de Jesus. Mulheres simples como ela e fiéis como ela. Teresa de Lisieux (1873–1897), como diz Clodovis Boff, emulava essa simplicidade de Maria, essa mulher do dia a dia. Quarenta dias antes de morrer ela o confidenciou à sua irmã Inês dizendo que era preciso ver Maria "em sua vida real, e não sua vida suposta. E estou certa", ela continuou, "de que a sua vida real devia ser absolutamente simples. Ela é mostrada inatingível. Seria preciso mostrá-la imitável, ressaltar suas virtudes, dizer que vivia da fé, como nós."[29]

---

[29] Boff, *O cotidiano de Maria de Nazaré*, p. 8-9.

Creio que Maria gosta da companhia de mulheres como as mencionadas aqui, assim como gostava de estar na comunidade dos discípulos e daquelas mulheres que davam suporte ao ministério de Jesus e que caminharam com ele para o trágico evento em Jerusalém, do que Mateus dá testemunho: *Muitas mulheres que tinham vindo da Galileia com Jesus para servi-lo olhavam de longe. Entre elas estavam Maria Madalena, Maria, mãe de Tiago e José, e a mãe dos filhos de Zebedeu* (Mt 27.55-56). E lá estava ela, segundo o evangelista João, entre as que venceram a distância e se aproximaram da cruz, como ele relata: *Perto da cruz estavam a mãe de Jesus, a irmã dela, Maria, esposa de Clopas, e Maria Madalena* (Jo 19.25).

Tem a Maria, a mãe Isolde, a dona Hilma e a dona Lúcia. Cada uma delas tem um lugar sagrado nessa *multidão de testemunhas* que mantiveram *o olhar firme em Jesus* (Hb 12.1-2), e agradeço a Deus por essas e tantas outras cujas histórias são esquecidas e cujos caminhos de vida têm sido marcados por alegria, encontros, dores e angústias.

Então eu lembro de outra Maria. Ainda menina e bem mais menina que a Maria adolescente que recebeu a visita do anjo. Essa outra, eu a encontrei e nunca mais a esqueci. Estávamos juntos, Silêda e eu, e a experiência foi tão impactante que acabamos escrevendo algo sobre essa menina Maria, que coloco ao lado da outra Maria de Nazaré. Escrevemos assim:[30]

> O programa do dia estava traçado e eu sabia que ele seria difícil. Nós estávamos na Uganda e iríamos a Rakai, numa visita carregada de realidade e de simbolismo. Rakai é uma das áreas da África onde primeiro estourou o vírus da AIDS e onde, anos depois, estão sendo colhidas as consequências dessa desgraça, pois o índice de pessoas contaminadas por esse vírus mortal chegou a mais de 30%. Assim, quando o vírus começou a se manifestar nas pessoas e elas começaram a morrer, o quadro de muita dor, sofrimento e necessidade não se fez esperar. Naquele dia, pois, os nossos olhos iriam ver um pouco dessa realidade de enorme sofrimento.
>
> Mas nós iríamos ver mais do que isso. É que em Rakai se conseguiu deter o índice de crescimento de pessoas contaminadas pelo vírus da AIDS. Hoje [2003], o índice de contaminação está em torno de 6%, o que significa um decréscimo importante e alvissareiro. E esse decréscimo se deu também

---

[30] Adaptado de Valdir e Silêda Steuernagel, "Quando acabarem o óleo e a farinha", *Ultimato* 281, março-abril de 2003, p. 52-54.

porque a igreja decidiu entrar no jogo. Decidiu falar sobre o assunto e recomendar a abstenção sexual e o sexo marital como um dos instrumentos mais eficazes no controle daquilo que a ONU declarou como uma peste, no continente africano.

As consequências da presença do vírus, no entanto, são avassaladoras; e são as crianças e os idosos as maiores vítimas dessa peste. Ao nos confrontarmos com essa realidade de sofrimento, nosso coração se partiu e a busca por uma resposta da parte de Deus não tardou a chegar. A Silêda estava comigo e chorou muito naquele dia. Depois, de volta ao hotel, ela desabafou no papel um pouco da experiência daquele dia. É isso que compartilhamos aqui com os leitores. Este é um convite para que vocês caminhem conosco por Rakai.

E a Silêda escreveu assim:

Eu já tinha visto pobreza antes. Nasci e me criei na região mais pobre do Brasil e minha família dispunha de poucos recursos. Assim, bem cedo na vida experimentei e vi ao meu redor o que era ter de contentar-se com pouco ou quase nada. Foi a ação de Deus, pelo poder do evangelho, que mudou a nossa história e fez de mim o que sou hoje.

Não é a primeira vez que eu vejo miséria e sofrimento. Já vi isso em outros lugares, assim como em meu próprio país. Desta vez, porém, ao visitar projetos da Visão Mundial em Rakai, na Uganda, meu coração foi particularmente "partido pelas coisas que partem o coração de Deus", como dizia Bob Pierce, o fundador da Visão Mundial.

A última gota que fez meu coração transbordar de dor foi o encontro com a pequenina Maria. O propósito da visita, disseram-nos, era entrar em contato com o sofrimento causado pela AIDS. Era confrontar-nos com a realidade de famílias que são constituídas apenas pelos filhos, já que ambos os pais morreram em função desse maldito vírus. E lá fomos nós ao encontro de uma família onde Ricardo, o filho mais velho, de dezesseis anos, viu-se subitamente "promovido" a chefe de família quando o pai e a mãe morreram, há dois anos.

Enquanto a atenção de todo mundo voltava-se para Ricardo, ouvindo-o compartilhar, através de um intérprete, a sua luta para sobreviver com os quatro irmãos menores, eu me vi, pouco a pouco, sendo "adotada" pela figurinha esquelética, arredia e impressionantemente triste de Maria, a irmã mais nova da família. Bastou um sorriso, depois uma leve carícia na cabecinha dela... e aconteceu. Primeiro, um dedinho; depois, o segundo; e finalmente ela estendeu a mão minúscula e pousou-a na minha, pressionando-a levemente. Algumas lágrimas teimaram em rolar pelo meu rosto enquanto eu acariciava aquela mãozinha raquítica muito suavemente, como se um simples toque meu fosse capaz de quebrar aqueles dedinhos que, de tão frágeis e fininhos, me davam a sensação de penas de passarinho. Ela ergueu a cabeça e me deu uma olhadela rápida e desconfiada; depois outra... e então, disfarçadamente, estendeu o braço para trás e a outra mão buscou a minha. E assim a menininha de seis anos, que parece ter apenas três, começou a lançar para mim uns olhares meigos, medrosos e pedichões, enquanto nós duas, de mãos dadas, percorríamos com o grupo o que restava do casebre miserável onde eles haviam morado com os pais e que agora havia desabado. "E os seus pais, onde estão?", alguém perguntou; e Ricardo nos levou ao quintal, mostrando-nos quatro montinhos de terra cuidadosamente emoldurados com pedras. "Este é o meu pai, e esta é mamãe. Esta aqui é nossa irmã e aquele o nosso irmão, que morreram depois e nós enterramos aqui, ao lado deles." E ali, enquanto fitávamos as cinco crianças cabisbaixas ao lado das sepulturas, de repente a pequenina Maria agarrou minhas duas mãos e, num gesto inesperado, puxou o corpinho para cima e aninhou-se em meus braços como se fosse um bebezinho procurando o seio de sua mãe! Eu não consegui mais segurar as lágrimas. E ela ficou ali, olhando para cima, um sorriso que era um misto de uma tristeza profunda e distante e acentuada doçura, me amando com os olhos e apertando o corpinho frágil contra o meu, os dedinhos finos agarrando-se a meus braços e à minha mão, como se buscasse desesperadamente por proteção. Passados alguns instantes, ela deu um profundo suspiro, deitou a cabeça em meu peito e relaxou em meus braços, mas sem abaixar os olhos; e assim ficou por um longo tempo, olhando persistentemente para mim, com um leve sorriso nos olhinhos tristes.

Até a hora de partirmos, Maria não me largou um instante. De vez em quando, levantava a cabeça e me olhava, como se quisesse assegurar-se de que eu ainda estava ao seu lado. E, num dado momento, ela fixou os olhos em mim e assim ficou por um longo tempo. Aí não suportei mais. Ajoelhei-me ao seu lado e encarei-a de frente, deixando as lágrimas correrem livremente e acariciando seu rostinho emaciado, como se ela fosse minha própria filhinha. Então ela aconchegou-se em meus braços com a maior naturalidade e sorriu para mim quase à vontade. Tive a nítida sensação de que ela vira nas minhas lágrimas liberadas uma permissão para que *ela* me confortasse! Ao acariciar a pequena Maria naquela hora, eu senti no fundo do coração que eu é que estava sendo amada, abraçada e adotada por aquela menininha sem mãe.

Meu coração sangrou ao deixarmos aquele lugar. Eu não queria ir embora. Aqueles cinco órfãos podiam ser meus filhos! Abracei Maria pela última vez, pensando: "Pobrezinha! Será que você ainda se lembra do que é um pai ou uma mãe? Será que ainda recorda como é a sensação de sentir-se profundamente amada por sua mãe?!" É claro que ela lembrava! Eu tinha visto a resposta claramente na forma como ela havia me "adotado" durante aqueles momentos. E enquanto eu chorava silenciosamente, na viagem de volta a Entebbe, onde estávamos hospedados, comecei a orar e pedir a Deus que, pelo menos naquela noite, Maria pudesse adormecer acalentada pela sensação gostosa de ter sido, uma vez mais, amada e protegida por sua querida mãe.

"Ó Deus amado! Esta pequenina precisa sentir-se amada e protegida de novo! Mas, quem faria isto?!" Esta pergunta foi a ponte que Deus usou para me trazer de volta à realidade. Afinal, bem ali do meu lado, sentada no banco do carro, estava Verônica, uma das setenta funcionárias da Visão Mundial que ficariam na Uganda depois que todos nós regressássemos aos nossos países. Eles é que serão usados por Deus, dia após dia, para servir e amar estas pessoas em nome do Senhor Jesus Cristo. Eles é que enfrentarão o desafio de mostrar em seu próprio rosto a face de Cristo, de proporcionar com suas mãos o toque curador de Jesus a cada pessoa sofredora, tanto em Rakai como em outros lugares deste país assolado pelo vírus da AIDS e por tantas outras dificuldades e provações.

"Mas, Deus", argumentei no coração, "isso é demais! Ter de enfrentar isso todo dia, dia após dia, é tarefa dura demais, acaba com o coração de qualquer um! De onde é que eles vão tirar forças para persistir num trabalho tão doloroso? E a família deles, como é que fica? Esse pessoal todo vai acabar se arrebentando, nesse processo!"

Ao orar por aquelas pessoas que trabalham com órfãos e viúvas na Uganda, me veio à mente a história bíblica da viúva de Sarepta. As palavras dançaram em minha mente a viagem inteira: *Não tenha medo! [...] Pois assim diz o* Senhor: *[...] "Sempre haverá farinha na vasilha e azeite no jarro, até o dia em que o* Senhor *enviar chuva".*

Ao chegar ao hotel, peguei a Bíblia e fui ler 1Reis 17. Como se a estivesse lendo pela primeira vez, fui descobrindo na conhecida passagem várias coisas para as quais nunca havia dado atenção antes. Primeiro, numa época de terrível fome e extrema dificuldade, Deus diz ao profeta: *Vá morar em Sarepta*

[...]. Dei ordem a uma viúva que mora ali para lhe dar alimento (17.9). Que coisa estranha Deus dizer a Elias que ordenou a *uma viúva* naquele lugar que forneça comida ao profeta! (Não deveria ser o inverso?!) Outra coisa que me chama a atenção é que é o profeta quem pede à viúva que lhe traga água e comida. Ele diz assim: *Pode me dar um pouco de água para beber, por favor? [...] Traga também um pedaço de pão* (17.10-11). E o surpreendente é que essa viúva supre mesmo as necessidades do profeta, usando os únicos e escassos recursos que lhe restavam! E, finalmente, descubro que ao confiar em Deus e obedecer a sua palavra, e ao assumir os riscos nesta situação totalmente desprovida de garantias, e ao transmitir a promessa de Deus à viúva e confiar que Deus há de cumpri-la, não somente a mulher necessitada e a sua família são alimentadas, mas também o próprio Elias experimenta a provisão de Deus para suas necessidades!

A palavra bíblica vai chegando ao meu coração em pequenas doses. Mas doses altamente significativas: *Ela fez conforme Elias disse. Assim, Elias, a mulher e a família dela tiveram alimento para muitos dias. Sempre havia farinha na vasilha e azeite no jarro, exatamente como o S*enhor *tinha prometido por meio de Elias.*

Esse é o jeito de Deus agir, totalmente imprevisível e contrário às nossas expectativas!

É incrível como Deus me confortou com esta história. Ele me diz que sim. Que nós, os servos e "profetas" do Senhor, podemos passar por muitos momentos em que sentimos como se não nos restasse mais nada, quando parece que não há mais forças (nem físicas, nem emocionais), nenhum recurso disponível a não ser *um punhado de farinha que restou numa vasilha e um pouco de azeite no fundo do jarro*, nenhuma outra alternativa senão apanhar *alguns gravetos para preparar esta última refeição, e depois meu filho e eu morreremos* (17.12). Nessas horas, não nos sentimos nem um pouquinho diferente de qualquer "viúva" ou "órfão" que pensávamos dependerem de nossa ajuda. Estressados, esgotados, arrasados, inúteis! No entanto, sim, nós também (e não apenas "a viúva") podemos contar com a promessa divina: Deus proverá! Ele proverá o necessário *para cada dia*, e por muito tempo, enquanto for necessário! Ele conhece, e valoriza, os poucos recursos que temos; e promete que *sempre haverá farinha na vasilha e azeite no jarro*. Ele há de prover para nós e para aqueles que dependem de nós! E finalmente, garante-nos que não irá falhar, pois Ele cumpre sua promessa.

Deus é tão imprevisível e tão misericordioso que é capaz de suprir as nossas necessidades mais profundas tirando recursos de onde menos se poderia imaginar, como fez com Elias usando aquela viúva em Sarepta, ou como me ensinou em Rakai através do encontro com a pequena Maria. Só para arrancar o "controle" de nossas mãos e colocar-nos em nosso devido lugar, a fim de que jamais esqueçamos que Ele é Deus e que nós não o somos. Ele é o Senhor e nós, apenas seus mordomos. A ele pertencem e dele provêm todos os recursos que necessitamos. Ele cuida de nós agora e continuará cuidando *até o dia em que o Senhor enviar chuva sobre a terra*. E a sua chuva cairá igualmente sobre profetas, viúvas e órfãos, no tempo de Deus e do jeito dele, para que só a Ele seja dada a glória da sobrevivência e da vitória sobre a provação.

Deus vocaciona a Maria. Deus cuida da Maria. Deus chora pela Maria. Elas são muitas e nós somos como elas. E com elas aprendemos a crer e a viver a nossa fé. Aprendemos a fazer teologia de olho nas Marias.

ANUNCIAÇÃO

Alceu Valença

Na bruma leve das paixões que vêm de dentro
Tu vens chegando pra brincar no meu quintal
No teu cavalo, peito nu, cabelo ao vento
E o Sol quarando nossas roupas no varal

Tu vens, tu vens
Eu já escuto os teus sinais
Tu vens, tu vens
Eu já escuto os teus sinais

A voz do anjo sussurrou no meu ouvido
Eu não duvido, já escuto os teus sinais
Que tu virias numa manhã de domingo
Eu te anuncio nos sinos das catedrais

Tu vens, tu vens
Eu já escuto os teus sinais
Tu vens, tu vens
Eu já escuto os teus sinais

Alceu Valença, "Anunciação", *Anjo Avesso*,
Ariola Discos/Polygram, 1983.

3

QUE ACONTEÇA COMIGO

No sexto mês da gestação de Isabel, Deus enviou o anjo Gabriel a Nazaré, uma cidade da Galileia, a uma virgem de nome Maria. Ela estava prometida em casamento a um homem chamado José, descendente do rei Davi. Gabriel apareceu a ela e lhe disse: "Alegre-se, mulher favorecida! O Senhor está com você!".
Confusa, Maria tentou imaginar o que o anjo quis dizer. "Não tenha medo, Maria", disse o anjo, "pois você encontrou favor diante de Deus. Ficará grávida e dará à luz um filho, e o chamará Jesus. Ele será grande, e será chamado Filho do Altíssimo. O Senhor Deus lhe dará o trono de seu antepassado Davi, e ele reinará sobre Israel para sempre; seu reino jamais terá fim!"
Maria perguntou ao anjo: "Como isso acontecerá? Eu sou virgem!".
O anjo respondeu: "O Espírito Santo virá sobre você, e o poder do Altíssimo a cobrirá com sua sombra. Portanto, o bebê que vai nascer será santo, e será chamado Filho de Deus. Além disso, sua parenta, Isabel, ficou grávida em idade avançada. As pessoas diziam que ela era estéril, mas ela concebeu um filho e está no sexto mês de gestação. Pois nada é impossível para Deus".
Maria disse: "Sou serva do Senhor. Que aconteça comigo tudo que foi dito a meu respeito". E o anjo a deixou.

Lucas 1.26-38

Que aconteça comigo

O anjo chegou e Maria parou. O anjo falou e Maria escutou. Escutou essa voz que veio falando e ela, muito perdida, não sabia o que fazer, como reagir, para onde ir. Respirou fundo para poder continuar em pé, enquanto essa voz-presença continuava ali, suave e firme, enquanto ela... ela não sabia se sabia. Ela sentia. Estava ali. Bem ali, pertinho dela. Dentro dela. Ao redor dela. Ali, em todo lugar e bem junto dela. Com ela.

O seu nome foi pronunciado. Maria. Pronto. Era com ela mesmo, não tinha jeito. A voz-presença ocupava todo o espaço e entrava bem fundo nela. Era uma voz que não se prendia a lugar nenhum, mas estava ali, bem junto dela, com ela. Por um momento ela até procurou encontrá-la, mas logo baixou a cabeça e olhou para o chão. Fechou os olhos, respirou de novo e, junto com uma palidez absurda e um sorriso muito leve, a lágrima lhe desceu pela face. Algo forte, bonito, intenso a estava envolvendo: mistério. Deus estava ali. Bem ali. Bem presente. Deus estava falando com ela. Deus a estava chamando. Imagine. Ela sabia sem saber ao certo se sabia, mas sabia que sabia.

A voz vinha de um anjo, ela gaguejou, um pouco mais tarde, quando tentou falar sobre "isso". Um anjo que tinha nome, veja só. Anjo com nome, ela dizia enquanto ainda buscava palavras que dessem algum sentido ao que lhe havia acontecido. O que ela nunca esqueceu e sempre lembrou de novo foi como o anjo chegou dizendo: *Alegre-se, mulher favorecida! O Senhor está com você.*

As pernas bambearam, a cabeça zuniu, mas o coração sorriu. Ela sabia. Mistério.

Sabe, Maria, eu queria muito conversar com você sobre este seu encontro que acabou sendo chamado de "Anunciação". Mas quem não gostaria? Outros devem ter tido esse privilégio, e eu me pergunto com quem e quantas vezes você falou desse seu encontro com o anjo e do que ele lhe disse. Também não sabemos se você teve oportunidade de contar a Lucas sobre essa sua experiência. Acho meio difícil, pois quando ele se pôs a trabalhar duro no "seu" Evangelho, anos depois, você já podia até ter falecido.

Essa narrativa, no entanto, já estava sobrevivendo de boca em boca, e ele acabou dando um jeito de captar essa sua experiência e a transmitiu de um jeito que até hoje estamos dizendo *uau!* Lucas foi escutando e captando as coisas, pois queria muito saber o que havia acontecido, para discernir o que colocar nesse Evangelho que descreve como um *relato preciso* (Lc 1.3) e que acabou sendo o único que fala dessa sua experiência. Ainda bem que ele fez isso.

Esse relato já correu mundo, com as pessoas sempre de novo querendo saber como foi tudo isso. E você, Maria, deve até se espantar com os jeitos, cores e detalhes com os quais se tem descrito essa sua experiência. Imagino que às vezes você acha graça desse nosso esforço, mas noutras fica irritada por estarmos inventando coisas ou até negando o acontecido. Perdão.

O fato é que esta cena da "Anunciação" tem captado o coração, o interesse e a imaginação de muitos no decorrer da história. Já os primeiros cristãos, diz Jeroslav Pelikan, deixaram um legado desta cena em três catacumbas, a "di Santa Priscilla", a "di Santi Marcellino e Pietro" e a "di Via Latina";[1] mas disso não vamos falar aqui.

O fato é que muita gente, em muitas línguas e lugares, acabou contando e recontando o que o evangelista Lucas nos deixou. E o que ele deixou é forte, impactante, sublime. Um mistério. Um mistério que, para você, deve ter sido muito difícil colocar em palavras.

Foi para José que você arriscou contar pela primeira vez? Você começou falando do anjo? Do anjo que chegou e falou. E como foi a cara do José?

O que você não deve ter sabido, Maria, é exatamente o que Lucas nos contou e que poderia até ter facilitado a sua conversa com José. Ele nos fala, com significativos detalhes, do que estava acontecendo e do jeito que Deus estava atuando naquele exato momento da história. Ele nos fala de outra história com anjo. Aliás, era o mesmo anjo falando a um velho sacerdote, de nome Zacarias, e lhe anunciando a gravidez de sua já idosa e estéril esposa, chamada Isabel. Lucas é até bem preciso, dizendo que *quando Herodes era rei da Judeia, havia um sacerdote chamado Zacarias, que fazia parte do grupo sacerdotal de Abias* (Lc 1.5). Ele diz que esse sacerdote foi visitado pelo anjo quando estava *servindo diante de Deus no templo* (1.8), e vai detalhando o que irá acontecer na casa dele.

Quando o anjo chega a você, Maria, Lucas até fala um pouco dessa sua idosa parenta grávida, com detalhes que você talvez descrevesse de um outro jeito. *No sexto mês da gestação de Isabel, Deus enviou o anjo*

---

[1] Jaroslav Pelikan, *Mary Through the Centuries: Her Place in the History of Culture* (New Haven, CT: Yale University Press, 1996), p. 81-82.

Gabriel a Nazaré, uma cidade da Galileia, a uma virgem de nome Maria. Ela estava prometida em casamento a um homem chamado José, descendente do rei Davi (1.26-27).

Eu não queria me demorar muito aqui para poder voltar à sua experiência. Mas me parece importante falar um pouco do que Lucas parece estar querendo comunicar:

- Deus se faz presente em meio aos acontecimentos humanos e históricos. Ele fala do poder político, mencionando Herodes, e fala do templo em plena atividade, com Zacarias desempenhando seu *trabalho sacerdotal* (1.8). Fala de uma localidade, Nazaré, onde Maria vive, e de sua situação matrimonial, estando *prometida em casamento* (1.27). Ou seja, a ação de Deus acontece no tempo e no espaço, e ao gestar essa sua ação salvífica ele o faz envolvendo pessoas, com suas histórias e experiências. Pessoas, entre outras, como Zacarias, Isabel e Maria.

- A ação de Deus na história anuncia um novo tempo e denuncia uma realidade que já não promove vida, mas alimenta sistemas e estruturas de exploração, cansaço e desesperança. O anúncio de um novo tempo acontece de um novo jeito e adquire dimensões surpreendentes e inesperadas. Brigitte Kahl diz que o tempo político histórico é medido em termos dos governantes, o tempo do templo é medido pela prática sacerdotal masculina, mas nesse novo tempo "a promessa de Deus é manifesta da forma mais dramática num tempo ginocêntrico".[2] Nesse tempo surgem duas mulheres misteriosamente grávidas: uma estéril já idosa e uma jovem virgem. Isso é coisa nunca vista. Isso é coisa de Deus.

Podemos voltar a conversar, Maria?

Alegre-se, mulher favorecida!
O Senhor está com você! (1.28)

---

[2] Citada por Tim Perry, *Mary for Evangelicals: Toward an Understanding of the Mother of our Lord* (Downers Grove, IL: InterVarsity Press, 2007), p. 69.

Foi isso que o anjo lhe disse e você escutou. Bonito! Dessa expressão temos diferentes traduções que apontam na mesma direção:

Que a paz esteja com você, Maria. Você é muito abençoada.
O Senhor está com você. (NTLH)
Salve, agraciada; o Senhor é contigo. (ACF)
Alegre-se agraciada! O Senhor está com você. (NVI)
Χαῖρε, κεχαριτωμένη, ὁ Κύριος μετὰ σοῦ (grego)

Com você o anjo deve ter falado em aramaico, que era a língua corrente onde você vivia; mas entendê-lo bem seria querer demais. Afinal, não se recebe anjo todos os dias e quando eles aparecem nem se está preparado para recebê-los. O que lhe deve ter dado alguma segurança foram as palavras do anjo dizendo *o Senhor está com você*. Essas palavras, Maria, você ouvia nas celebrações, liturgias e ensinamentos em sua sinagoga, mas agora lhe eram ditas de forma particular. E logo o anjo continuou, enquanto você, imagino, ainda buscando um pouco de ar, o ouve chamá-la pelo nome e lhe dizer que não tenha medo. O anjo lhe chamou pelo nome, Maria. Pelo nome.

O que estava lhe acontecendo era muita coisa. Era demais: *favorecida, agraciada, não ter medo...* E o anjo estava só começando e você nem imaginava o que viria pela frente: *Ficará grávida e dará à luz um filho...* Só imagino. Sua pressão baixou, você empalideceu e sentou, enquanto a voz do anjo parecia ir ficando mais longe. Você estava apagando, Maria? Será que o anjo lhe trouxe um copo de água?

Imagino você dizendo "Repita, por favor. Grávida? Eu? Virgem! Virgem total! Prometida! Marido escolhido! Nem pensar!

Não, não, não!
Não, por favor.
Isso não".

Mas o anjo continua falando. Não para. É que ele é só um mensageiro, nem parece ter vontade própria. "Grávida. Filho do Altíssimo. Será grande. Trono de Davi. Reinará sobre Israel. Reino sem fim." Você conseguiu lembrar de tudo isso, Maria?

Receber anjo e escutar anjo não é coisa muito fácil. Eles vêm preparados para a sua missão e sabem o que precisam dizer. Até parecem apressados. Têm comportamento de "entregador". Não ficam muito tempo e nem procuram lugar para sentar. As coisas que eles falam não se ouvem todos os dias, mas são entendidas. É outro tipo de entendimento. Outro nível de compreensão. É quando se ouve mais além do ouvido. É coisa sagrada. É escuta entrando em contato com o mistério.

Mas no seu caso, Maria, o anjo nem é tão econômico assim e lhe diz como as coisas irão acontecer: o *Altíssimo a cobrirá com sua sombra*. Ele explica, mas não explica. E diz mais: *o Espírito Santo virá sobre você*.

Mas isso dá gravidez? Impossível. Não é assim que se fica grávida, e isso Maria já sabe.

É óbvio que Maria está confusa. Perplexa. Assustada. Com a garganta seca e as mãos úmidas. Sente as pernas bambas e se senta. Anjo não senta, mas ela senta, antes que as pernas lhe falhem. O anjo continua e explica o inexplicável, mas possível. Possível, se for crido. Como se quisesse ajudar, ele fala de outra gravidez impossível: *sua parenta, Isabel, ficou grávida em idade avançada. As pessoas diziam que ela era estéril, mas ela concebeu um filho e está no sexto mês de gestação. Pois nada é impossível para Deus.*

Mas ela tem marido, ainda que seja velho. Para ela o impossível é até possível. Mas para mim, a Maria?

É difícil entrar no universo dessa narrativa. E querer fazê-lo com a nossa lógica é até risível, pois esta não entende o sagrado e bobeia, se nega a mergulhar na experiência do sagrado. O risco da nossa lógica é perder a Maria, pois, enquanto estamos embrulhados com nossas perguntas, ela já está respondendo "Está bem. Pode ser. Estou aqui. Grata por poder servir", pronunciando as palavras mais bonitas e mais profundas que um ser humano poderia articular, em resposta à vocação com a qual Deus a havia visitado:

Sou serva do Senhor.
Que aconteça comigo tudo que foi dito a meu respeito (1.38).

O anjo sumiu e grávida ela ficou.

Anjos são assim. Eles chegam e eles vão. Coisa rápida e sem muita apresentação. Sempre parecem saber para onde devem ir, com quem devem encontrar e o que devem dizer, para logo desaparecer. Nem para um cafezinho ficam. Eles sabem que o assunto não é deles, não é com eles e que são apenas mensageiros. Dessa vez não foi diferente e quando Maria percebeu, já estava sozinha. Foi rápido. Tão rápido como surpreendente, tão impactante quanto inimaginável e tão real quanto uma gravidez. Maria que o diga.

O fato é que não falta anjo nessa narrativa. Do começo ao fim. Até é preciso cuidado para não sair inventando coisas, pois falar de anjo é sempre um convite tentador para imaginá-los, descrevê-los, pintá-los, sem conseguir muita coisa. Anjo é anjo e só isso. É bom deixá-los assim: sem cor, sem traçado e sem certidão de nascimento.

Até porque o assunto aqui não é anjo. É Deus. Deus falando com Maria. Aqui se está tratando de uma chegada, de uma presença e de uma atuação de Deus como nunca se havia visto. Deus estava vindo fazer morada entre nós, *cheio de graça e de verdade*, como outro Evangelho nos diz (Jo 1.14). Deus estava vindo mostrar uma face como nunca se havia visto: o *Filho do Altíssimo* seria gerado como ser humano, nasceria como humano, viveria como humano e morreria como humano. Mais humano impossível. *A Palavra se tornou ser humano, carne e osso, e habitou entre nós*, continua aquele Evangelho (1.14). Deus se encarnava entre nós, de tal maneira que o seu Filho teria mãe, Maria, e um pai, José. Um pai adotivo, mas um pai bem identificado.

Trazer Maria para dentro dessa história de Deus é tão inimaginável quanto surpreendente. A Maria jovem adolescente, pobre e interiorana será a mãe desse menino anunciado como *grande* e que *será chamado Filho do Altíssimo. O Senhor Deus lhe dará o trono de seu antepassado Davi, e ele reinará sobre Israel para sempre; seu reino jamais terá fim* (Lc 1.32-33).

É muita coisa, vale repetir. É coisa demais.

Nem sabemos como foi que tudo aconteceu e, para falar a verdade, a cena é tão fora dos nossos traçados que se fica sem conseguir entendê-la, usando os nossos instrumentos de interpretação. Mas o fato é que a vida de Maria virou de cabeça para baixo. Não tinha jeito. De dia e de noite ela só pensava naquela cena, na visita que havia recebido, na missão que havia recebido, e nós ficamos matutando na sua surpreendente resposta. Tão surpreendente como real. Na hora ela nem se deu conta, direito, de tudo que estava acontecendo e do que estava dizendo.

A resposta brotou como brotam os compromissos sagrados: *Que aconteça comigo*. E grávida ela estava.

Mas pronta ela não estava, como nunca estão prontos os visitados e convocados por Deus. Por uns dias ela perdeu a fome, não conseguiu dormir e procurou nem sair de casa, pois era impossível não perguntarem o que havia acontecido com ela. É verdade que ninguém sabia, mas todo disfarce tem limites e não houve jeito de a mãe dela não perguntar "O que houve com você, minha filha?" e ela só conseguia responder "É coisa minha, mãe". Sem ter como disfarçar, ela ia buscar um canto para chorar, enquanto a mãe a acompanhava com o canto do olho. "Alguma coisa aconteceu com essa menina", a mãe intuía.

Imagina a mãe saber... grávida! Quem iria acreditar? Adiantaria dizer que era do *Altíssimo*? Ela estava simplesmente muito enrolada. A família, a comunidade e a lei da religião iriam cair em cima dela.

E tinha o José.

Até que um dia ela despejou tudo para ele. E foi o que foi. Acabou. Ela sabia e ele sabia. Mas como ele era uma pessoa bem decente e cuidadosa, decidiu sair de mansinho, *romper a união em segredo* (Mt 1.19), como se isso fosse possível.

Mas José também acabou tendo o seu anjo. Quem nos fala disso é outro evangelista e disso vamos conversar mais tarde.

Enquanto isso, Maria lembrou-se do salmo e o repetiu:

Quando o Senhor *trouxe os exilados de volta a Sião,*
foi como um sonho.
Nossa boca se encheu de riso,
e cantamos de alegria.
As outras nações disseram:
"O Senhor *fez coisas grandiosas por eles".*
Sim, o Senhor *fez coisas grandiosas por nós;*
que alegria!

Restaura, Senhor, *nossa situação,*
como os riachos revigoram o deserto.
Os que semeiam com lágrimas
colherão com gritos de alegria.

> *Choram enquanto lançam as sementes,*
> *mas cantam quando voltam com a colheita.*
> Salmo 126

A semente estava lançada e ela percebia uma alegria nascendo dentro dela. A alegria da vocacionada. Então ela repetiu:

> *Que aconteça comigo tudo que foi dito a meu respeito.*

Tem Maria, tem anjo e tem vocação: coisas do texto

A intensidade desse texto, qualificado de "Anunciação", é inimaginável, ainda que não haja detalhes de como tudo aconteceu. Sabemos onde não foi: no templo. Também sabemos que não foi na capital, em Jerusalém. E sabemos onde foi: numa pequena localidade chamada Nazaré e que naquela época devia ter, segundo José Antonio Pagola, uns duzentos a quatrocentos habitantes, que viviam de forma simples e comunitária. Alguns viviam em casas de um cômodo, "escavadas nas encostas", enquanto outros viviam em "casas baixas" de paredes de adobe ou pedra, chão de terra batida e cobertas com ramos secos e argila. Nesse "pequeno povoado nas montanhas da Baixa Galileia" a família, entendida como a família estendida, era tudo: "lugar de nascimento, escola de vida e garantia de trabalho".[3] Era ali e nesse contexto familiar que se gestava a identidade e se estabeleciam os laços significativos e duradouros da vida.

É nessa Nazaré, Lucas relata, que Maria se encontra quando recebe a visita do anjo. A sua idade não é revelada, apenas que ela era virgem e estava prometida a José, com quem ainda não havia consumado o matrimônio. Howard Marshall diz, em seu comentário sobre Lucas, que a contratação do casamento ocorria a partir dos doze anos das meninas e tinha a duração de um ano, no decorrer do qual o casal não vivia junto e não mantinha relações sexuais. Mas, como ele mesmo afirma, "não sabemos quantos anos Maria tinha" quando tudo aconteceu.[4]

---

[3] José Antonio Pagola, *Jesus: Aproximação histórica* (Petrópolis, RJ: Vozes, 2008), p. 62, 65.
[4] I. Howard Marshall, *The Gospel of Luke: A Commentary on the Greek Text* (Grand Rapids, MI: Eerdmans, 1978), p. 64. É quando as meninas alcançavam a idade

Ao defrontar-nos com o texto, percebemos uma enorme economia de detalhes e nada sabemos, por exemplo, sobre a família da Maria. Também não sabemos onde tudo aconteceu, se foi dentro de sua casa, enquanto arrumava o cômodo único, se foi ao ir buscar água no poço comunitário, ou no silêncio noturno. Também não ficamos sabendo como e quando aconteceria o que foi lhe foi anunciado, ainda que a narrativa transmita um tom de pressa e de imediata concretização.

Há, no entanto, detalhes que nos surpreendem. Olhemos para alguns deles.

A narrativa começa e termina com anjos

A narrativa inicia e surge o anjo. Ele domina toda a cena e no final desaparece assim como apareceu. A presença e a ação do anjo parecem "naturais" e em nenhum momento é questionada a sua presença e nem o seu direito e papel de mensageiro. Anjos são mensageiros de Deus.

Anjos não aparecem sempre, mas em momentos-chave; sensíveis, afirmativos e delineadores de uma nova experiência ou um novo tempo. No entorno do nascimento de Jesus, seja em Lucas ou em Mateus, eles aparecem várias vezes. Estão presentes em vários momentos nas ministrações de Jesus e emergem com força por ocasião da sua ressurreição.

Uma das marcas do texto da Anunciação é que se estabelece uma conversa entre o anjo, que tem nome, e Maria, cujo nome é pronunciado por Gabriel, o anjo. Ele a chama pelo nome, tem tempo para escutá-la e sabe exatamente quem ela é, onde mora e o que deve lhe dizer.

O anjo sabe para onde vai e a quem vai encontrar

O anjo sabe que deve se dirigir a Nazaré, essa pequena aldeia da região da Galileia. Por mais que Nazaré seja uma comunidade pequena, pobre e esquecida, o anjo foi enviado para lá e para lá ele foi, a fim de encontrar uma jovem adolescente também desconhecida, mas por ele

da puberdade que os casamentos começavam a ser contratados, segundo o costume da época.

identificada. Ele sabe quem ela é e o que lhe deve anunciar: a gestação e o nascimento do *Filho do Altíssimo.*

Essa relação entre anjo e endereço é de significativa importância, pois aponta para o fato de que Deus tem um contínuo compromisso com a história e, nesse caso, está anunciando uma reviravolta histórica de caráter universal e transcendental. Mas faz isso a partir de um simples endereço, com grande significado — Nazaré — e através de uma surpreendente escolha: Maria, pobre filha de Nazaré.

O anjo está ligado. Sabe de Zacarias e de Isabel, de Maria e de José. Ele não é um ser abstrato a serviço de uma divindade distante. Ele não divaga pelos horizontes imaginários de uma divindade que não põe e nem suja as suas mãos nos conluios da história. O anjo vai aonde Deus mesmo se faz presente e cumpre sua missão junto a esta simples Maria, a *mulher favorecida!*

O anjo sabe o que deve dizer

Está tudo bem claro, para o anjo, é claro. Ele chega sensível, carinhoso até. Fala para ela ficar tranquila, não ter medo, como se isso fosse possível, quando se está vendo anjo. Diz ainda quão especial esse momento é e quão especial ela é, pois encontrou favor diante de Deus; ela é favorecida. Escolhida. Ela é Maria, a bem-aventurada.

O texto foi bem trabalhado e há ritmo na narrativa. Há nela um toque de poesia. *Ficará grávida e dará à luz um filho, e o chamará Jesus. Ele será grande, e será chamado Filho do Altíssimo. O Senhor Deus lhe dará o trono de seu antepassado Davi, e ele reinará sobre Israel para sempre; seu reino jamais terá fim!* (Lc 1.32-33).

As mensagens de anjo nunca são simples, tranquilas, bem arredondadas. Simples até parece, *você vai ficar grávida;* mas até a jovem Maria já sabe que isso não acontece assim. Não é, definitivamente, simples.

O anjo a escuta em sua confusa perplexidade, não repete o seu anunciado, mas leva o raciocínio adiante e lhe diz como isso irá acontecer, por mais enigmático que seja: *O Espírito Santo virá sobre você, e o poder do Altíssimo a cobrirá com sua sombra. Portanto, o bebê que vai nascer será santo, e será chamado Filho de Deus* (1.35). A confusão de Maria só aumenta, pois parece que a complicação só aumenta: ela ficará grávida coberta pela sombra do Altíssimo? Mas o anjo ainda não terminou e o que diz a seguir deve trazer algum conforto para Maria, ajudando-a a entender que para Deus nada é impossível: a velhinha Isabel está grávida, ainda que esta tenha sido coberta pelo marido Zacarias.

 O anjo cumpriu a sua tarefa e Maria vai captando o que está acontecendo. À medida que o anjo fala ela vai percebendo que está recebendo uma mensagem de Deus e que o que está sendo anunciado a ela é de enorme significado. Ela é uma mulher simples, uma mulher como as outras; mas o que Deus está lhe dizendo e o que está lhe pedindo não é nada simples. É transcendental. É divino. É complexo. É difícil e arriscado. Paulo VI colocou isso em palavras ao dizer que "a intervenção santificadora do Espírito na virgem de Nazaré foi um momento culminante da ação do Espírito na história da salvação".[5]

 O evangelista Lucas juntou esse material numa narrativa que continua a encantar e assombrar, ainda que, como veremos no decorrer deste livro, Maria vá levar uma vida inteira para abraçar por inteiro essa sua vocação que começa de forma tão significativa e tão profunda. Começa com Deus chamando-a pelo nome, declarando-a agraciada e lhe pedindo o ventre virgem. Deus estava lhe dando o que tinha de mais sagrado, o seu Filho, e pedindo a Maria o que ela tinha de mais sagrado, o seu ventre. É um encontro do tamanho dessa encarnação de Deus na história humana e que tem como objetivo a plantação de uma realidade na qual *não importa se você é judeu ou gentio, se é circuncidado ou incircuncidado, se é inculto ou incivilizado, se é escravo ou livre*, pois esse filho gerado por Maria será *tudo que importa, e ele vive em todos* (Cl 3.11).

 Ainda que nem tudo esteja claro para Maria, o mais importante é que ela decide crer e crendo pronuncia, como vimos, as mais bonitas, profundas e significativas palavras que possam ser pronunciadas em resposta à vocação divina. Uma declaração que tem atravessado a história e vale a pena ser ouvida, discernida e repetida sempre novamente:

Sou serva do Senhor.
Que aconteça comigo tudo que foi dito a meu respeito.

---

[5] Citado em Perry, *Mary for Evangelicals*, p. 249.

Maria escuta, reage e acolhe

Maria fala pouco, mas escuta bem. Ela nunca imaginou ouvir o que o anjo acabou de lhe dizer, mas nem por isso deixa de escutar e de acolher. Dos detalhes não sabemos, mas de sua fé, sim. Num jogo de palavras, se poderia dizer que ela está totalmente presente na Presença daquele que lhe vem anunciar o inimaginável. Albert Haase, OFM, faz este jogo de forma intensa. Ele diz: "Os olhos de seu coração estavam bem abertos e ela estava bem acordada. Ela estava vivendo no presente, aqui e agora, sintonizada com a Presença. A partir dessa postura descobriu os anúncios do cotidiano, a epifania do agora, o sacramento do momento presente e o tabernáculo do próximo".[6]

O quanto Maria sabia da história do seu povo e da relação deste com Deus nos é dado a conhecer, num relance, no *Magnificat*, como veremos. O que sabia deve ter adquirido em casa e na sinagoga, pois ambos representavam a base da vida comunitária e o espaço do cultivo da história e da fé. O que sabemos é que, no imaginário bíblico, sua reação, como diz Brown, foi "exatamente oposta à de Sara", deixando brotar nela uma "alegre aceitação" do que Deus estava lhe propondo ao invés do "riso cínico" daquela.[7] O que sabemos é que desse seu encontro com a mensagem que o anjo lhe deu é que ela creu, e crendo veio a ser *serva do Senhor*.

No decorrer da história já se disse muito acerca de quem era Maria e de como se deu esse encontro entre ela e sua vocação. Ao me deparar com um e outro comentário a esse respeito, uma palavra de Ambrósio de Milão (c. 335–397 d.C.), um influente bispo do século 4, chamou a minha atenção pela sua percepção da intimidade de Maria com Deus. Ele diz: "E assim também, quando Gabriel a visitou, ele a encontrou, e Maria estremeceu, ficando perturbada, como se diante da forma de um homem, mas ao ouvir seu nome o reconheceu como alguém que não lhe era desconhecido. E então ela, que era uma estranha quanto aos homens, mas não o era para o anjo, para que pudéssemos saber que seus ouvidos

---

[6] Albert Haase, OFM, *Coming Home to Your True Self: Leaving the Emptiness of False Attractions* (Downers Grove, IL: IVP Book, 2008), p. 28.

[7] Raymond E. Brown, SS, *The Birth of the Messiah: A Commentary on the Infancy Narratives in the Gospels of Matthew and Luke* (Nova York: Doubleday, 1994), p. 319.

eram modestos e seus olhos tímidos. Então, quando saudada, ela manteve silêncio, e quando abordada, ela respondeu, e aquela cujos sentimentos foram, ao início, perturbadores, depois prometeu obediência".[8]

Nesse relato da anunciação vemos Lucas desenhando como tudo aconteceu quanto ao anúncio da gravidez de Maria e do nascimento de Jesus. O evento está, sem dúvida, envolvido em mistério, diz Marshall. Um mistério que deve ser deixado como tal, ainda que o fundamental esteja claro: "o filho de Maria é o Filho de Deus, o Messias prometido".[9]

Uma das coisas que os estudiosos geralmente fazem é buscar na literatura secular da época relatos similares aos que aparecem no testemunho bíblico, o que também é o caso no relato da Anunciação. Marshall nos diz que narrativas envolvendo a relação sexual de seres divinos com mulheres eram comuns no mundo antigo. De Platão se diz que sua mãe Perictone foi engravidada pelo deus Apolo.[10] Nesse relato de Lucas, no entanto, encontramos detalhes que apontam para uma verdadeira especificidade da fé cristã. O primeiro deles é a dimensão histórica desse acontecimento: Maria foi uma mulher real que, de fato, ficou grávida e deu à luz um menino que veio a assumir a identidade segundo o que lhe havia sido dito. Um menino que cresceu e exerceu um ministério concreto e real no decorrer de três anos, após o que foi morto pelas autoridades que ele incomodou e questionou. Um ministério no qual deixou claro o que esse anúncio a Maria significava, não apenas na vida dele, mas na vida dos que ele encontrou e levou a uma transformação de vida, em nome de um reino que já não se limitava às fronteiras de Israel e que se configurava como reino de Deus. O segundo detalhe tem a ver com o endereço dessa escolha: o anjo vai a Nazaré e busca Maria. Deus escolhe as coisas pequenas e simples para, a partir desse lugar e desse encontro humano, gestar um caminho absolutamente novo, o caminho da salvação para todos os povos em todos os lugares. A partir das margens da sociedade, Deus constrói algo novo e disso Maria é testemunha.

---

[8] Citado em Perry, *Mary for Evangelicals*, p. 158.
[9] Marshall, *The Gospel of Luke*, p. 77.
[10] Ibid., p. 74.

Além de Lucas temos Mateus (Mt 1.18-24) e o seu relato é tão intencionalmente indireto quanto a Anunciação é direta em Lucas. Um relato no qual também tem anjo, ainda que em sonho, tem perplexidade e tem endosso. Tem anjo sendo direto com José e lhe dizendo o que está acontecendo com Maria e qual deveria ser a sua reação. E tem endosso com a reação típica de José, sem palavras e com obediência: *Quando José acordou, fez o que o anjo lhe havia ordenado e recebeu Maria como esposa* (1.24).

Anos mais tarde, bem mais tarde, o poeta Rilke procurou expressar a percepção desse encontro entre José e o anjo através da poesia, pois é a poesia que acaba captando sentimentos e discernimentos que vão para além da linguagem. Então ele poetizou:

A desconfiança de José

E o Anjo falou e esforçou-se
por explicar ao homem de punhos cerrados:
então não vês em cada linha do seu rosto
que ela é tão fresca como a aurora de Deus?

Mas o outro fixava-o de semblante sombrio
e apenas murmurava: o que a transformou assim?
Então exclamou o Anjo: carpinteiro, não percebes
ainda que esta é a obra do Senhor Deus?

Só porque talhas as tábuas, com orgulho,
queres obrigar a que fale contigo *aquele*
que em segredo, dessa mesma madeira,
faz crescer as folhas e rebentar os botões?

Compreendeu. E ao erguer os olhos
de verdade assustados para o Anjo,
viu que ele tinha ido embora.
Tirou então da cabeça, lentamente,
o espesso gorro. E entoou o louvor.[11]

---

[11] Rainer Maria Rilke, "A vida de Maria", traduzido por Yvette K. Centeno, *Colóquio/Letras*, n.º 186, maio de 2014, p. 171-181.

E diante de um José que recebe *Maria como esposa* nos encontramos diante do silêncio do texto, mas assumindo o risco de acolher uma narrativa que termina com Maria e José envoltos na mesma vocação.

A conversa do dia seguinte

Naquela manhã quando José acordou, acordar ele não queria. Acordar significava transportar para o dia o que lhe havia ocorrido no decorrer da noite. Mas acordado ele estava. Desperto. Olho arregalado. Levantou-se e olhou, para ver se tudo continuava igual, como ontem. Sim, em termos. Tudo estava no mesmo lugar, inclusive a gravidez da Maria, e no entanto percebeu que se sentia mais leve. O coração parecia mudado, ainda que perguntas e um bom medo martelassem em sua cabeça. Na boca ainda carregava um amargor que se poderia traduzir por angústia e raiva. Uma raiva que ele tinha visto crescer dentro de si desde que aconteceu "aquela conversa" com Maria. Estava com raiva ainda que raivoso não fosse. Raiva dele mesmo. Raiva de Maria. Raiva das vozes futuras que ele já podia ouvir circulando na comunidade. "O que foi que eu fiz", ele pensava e repetia, "o que foi que eu fiz, ou não fiz, para me encontrar num enrosco tão profundo?"

Maria tinha lhe dito que estava grávida. Grávida. Grávida de anjo? Sério? Foi isso mesmo que ela disse? Quem ela pensa que eu sou? Depois daquela conversa o seu mundo ruiu. A fome sumiu. A noite virou um desastre e durante o dia parecia um zumbi. O estômago começou a doer e a cabeça parecia a ponto de explodir. O trabalho devidamente agendado não progredia e ele estava atrasado com suas entregas. E, para piorar, tinha de processar tudo sozinho. Falar com alguém, nem pensar. Como é que ele iria dizer para alguém que "a Maria está grávida e não fui eu, foi anjo"? Nem brincando.

Até então as coisas pareciam estar bem encaminhadas. Ele tinha uma profissão que não deixava ninguém rico, mas também não deixava ninguém com fome. Qualquer necessidade maior, ele buscava mais trabalho e este sempre aparecia, pois diziam que ele era um carpinteiro de mão cheia. Já estava até trabalhando numas coisas para a casa deles dois. Coisa para logo, pois o casamento estava agendado.

Ele conhecia Maria desde pequena. Ela sempre esteve no seu olhar e no seu sonho — outro tipo de sonho — e aos poucos as coisas foram sendo encaminhadas para uma vida juntos. Aliás, faltava pouco para eles consumarem a relação e receberem a bênção de Deus e da comunidade. Então, enfim eles seriam família e começariam a esperar a casa se encher de filhos. Mas agora isso já não seria possível.

Quando Maria pediu para falar com ele, até ele, que não tinha fácil percepção das coisas, ficou de orelha em pé: algo estava acontecendo. Grávida. Grávida de Deus. Mensagem de anjo. Ela falava e ele não entendia. Não queria entender. Começaram sentados, mas ele logo se levantou. Ela sentada e ele de pé, caminhando de um lugar para o outro. Ela chorando e ele com raiva. Uma raiva cozinhando dentro dele. Então foi embora, para não estourar diante dela. Grávida. Anjo. Vamos e venhamos.

No dia anterior haviam tido um desses novos encontros que só geravam desencontro. Ele saiu batendo pé e porta e resmungando uma confusão que não saía da sua cabeça e ele repetia sem parar: anjo, conversa com anjo, missão de Deus, serva do Altíssimo, gravidez. Impossível. Anjo e gravidez nem combinam. Aliás, anjo tem sexo? Aliás, nem tinha sido anjo. Era gravidez de Deus.

E assim José foi tentar dormir naquela noite escura — escuridão de alma — com a decisão tomada: "Eu vou embora. Vou sumir. Conheço a Maria e sei quem ela é, mas dessa história eu não dou conta. Não tem jeito, vou abandonar a Maria e seja o que Deus quiser". E assim ele meio que adormeceu. Até um pouco mais aliviado pela decisão tomada. Uma decisão ruim, mas uma decisão.

Ele tinha dito isso mesmo, "seja o que Deus quiser"?

Então ele sonhou. Um sonho tão esquisito quanto a sua ânsia de não sonhar. Um sonho tão absurdo quanto a história de Maria. Aliás, o sonho parecia mais um capítulo da história de Maria. Um sonho que ele sonhava, não queria sonhar, mas com o qual não conseguia argumentar e sabia que precisava acolher. Um sonho a ser vivido como realidade, assim como a Maria e sua gravidez.

O sonho foi curto e claro e não havia jeito de interpretá-lo de outra forma: a história dela confere! E ele precisava assumir Maria e não fugir dela. E precisava assumir o filho que ela carregava no ventre como sendo também seu. Dê nome ao menino, foi-lhe dito. Seja homem. Seja esposo e seja pai. E o sonho acabou. O anjo sumiu tão rápido como havia aparecido em seu sonho. Ele sumiu tão rápido como Maria havia contado que o "seu" anjo sumiu.

Sonhar era bom, dependendo do sonho. Sonhar era complicado, dependendo do sonho. Mas esse sonho era tão real como real era a necessidade de ele agir em conformidade com ele. Não era à toa, pois, que naquela manhã José não queria acordar. Acordar significava assumir que a sua vida tinha, também, virado de ponta-cabeça. O sonho era de Deus, ele sabia. Mas era sonho difícil, ele também sabia.

Ele precisava conversar com Maria. E com Maria ele conversou.

A conversa não foi fácil, mas assim que ele chegou ela percebeu que estava diferente. Nos seus olhos alguma raiva ainda se alojava, mas parecia assustado. À medida que ele ia falando do seu sonho ela foi sentindo as lágrimas descendo pelo rosto até virar num profundo soluço. Soluço da alma. Soluço do coração. Soluço que a fazia tremer. José também sentiu um nó na garganta, mas chorar ele não se permitia, assim como não se permitia abraçar a noiva, o que ele tanto queria. Ela, porém, num leve gesto, encostou a cabeça no seu ombro e suspirou dizendo: "O anjo me disse que eu era *favorecida*. Você também é, José".

Então Maria e José combinaram que iriam adiante com os planos de consumar o relacionamento e se tornar família. Iriam assumir a gravidez e ela seria mãe e ele seria o pai desse menino que seria chamado Jesus.

Então eles se olharam como nunca e seus olhos disseram um ao outro "gravidez de Deus", e um tímido sorriso escapou dos lábios de Maria.

José, já na porta da saída, disse "vou trabalhar" e ela o viu caminhando... caminhando como o José que transformava sonhos em realidade. *Quando José acordou, fez o que o anjo do Senhor lhe havia ordenado e recebeu Maria como esposa. No entanto, não teve relações com ela até o menino nascer; e ele lhe deu o nome de Jesus* (Mt 1.24-25).

A teologia e o ventre se encontram

Pedir o ventre não é coisa pouca. E ofertar o ventre é coisa grande. É coisa profunda. É coisa íntima. A mais íntima, profunda e sensível possível.

"Que jovem corajosa é Maria!", nos diz Erin Dufault-Hunter: "Ela concorda em receber em seu ventre o Messias, seu Senhor. Imediatamente, ela abre mão do precioso status social e pessoal de virgem. Ela põe em risco seu noivado. [...] Ela corre o risco de — e talvez experimente — humilhação, apesar do desejo de José de poupá-la disso. Sem qualquer garantia de sua própria segurança ou futuro, ela concorda em dar à luz o Filho de Deus, alguém que assumirá o trono de Davi e cujo reinado não vai acabar". Erin continua dizendo que "acolher o reino não pode ser mais pessoal do que oferecer o útero como residência real, mais íntimo do que o nascimento através da água e do sangue, ou mais corporificado do que oferecer os seios para nutrir Jesus nos próximos anos".[12]

Essa é a Maria que nos convida e desafia a uma teologia que se expressa como disponibilização. Em resposta à revelação de Deus, ela representa entrega de vida. Entrega de virgindade e de ventre, para insistir com esta linguagem. A palavra teológica acerca da natureza, da ação e da vocação de Deus vai nascendo e aparecendo como aparece a gravidez. A teologia é entrega e compromisso de vida com Aquele que nos vocaciona para viver a serviço do seu reino.

Ela é tanto mais teologia quanto mais comprometida é com Deus, e quanto mais sua vocação se percebe e se expressa. A teologia, portanto, nunca pode ser neutra, como quem observa um "objeto" fora de si mesma. Teologia neutra é contradição arrogante de quem pensa que pode entender Deus de forma meramente cognitiva. Ao deus da teologia neutra, não tem Gabriel que obedeça nem Maria que disponibilize o ventre. O deus dessa teologia tem *d* minúsculo. É o deus das nossas vãs filosofias e tem o tamanho enganoso do nosso ego inflado.

A Maria teóloga desfila o ventre grávido para nos ajudar a compreender que a teologia amadurece na espera ativa do cumprimento de ação de Deus. É teologia com gosto de vocação, vivida na moldura do discipulado. E essa teologia envolve a vida toda e paga o preço desse mesmo

---

[12] Erin Dufault-Hunter, "The Political is Personal: Mary as a Parent and Prophet of Righteousness", *Fuller Magazine*, nº 23, 3 de junho de 2022, <https://fullerstudio.fuller.edu/theology/the-political-is-personal-mary-as-a-parent-and-prophet-of-righteousness/>.

discipulado. Esse preço ela, Maria, também pagou. Ángel Manzo diz que "Maria não apenas cedeu seu ventre como morada para o que o Espírito Santo a cobrisse com sua sombra e gerasse o menino, mas, além disso, ligou sua vida ao sofrimento que o ministério de Jesus implicaria".[13]

Assim é a teologia que nasce no *aconteça comigo*. Ela soluça e ri ao mesmo tempo. Ela ri o riso da vocação e o soluço do desespero. O soluço de gratidão e o riso nervoso de quem não sabe o que fazer, mas não quer fazer nada diferente do que balbuciar *Sou serva do Senhor*.

---

[13] Ángel Manzo, "Maria", in *Comentário bíblico latino-americano*, René Padilla, ed. geral (São Paulo: Mundo Cristo, 2019), p. 1289.

VISITAÇÃO DE MARIA

Rainer Maria Rilke

Ao princípio tudo lhe foi fácil,
embora nas subidas já sentisse
o milagre operado no seu corpo
e parasse para respirar no alto

das colinas da Judeia. Mas não era a terra,
era a sua plenitude que enchia a paisagem.
Sabia, ao caminhar, que nada ultrapassaria
a grandeza sentida naquele momento.

Já se apressava para pousar a mão
no outro corpo, de tempo mais avançado.
E as mulheres foram ao encontro uma da outra
cambaleando, acariciando as vestes e o cabelo.

Cada qual, carregando o fruto precioso,
encontrava na outra o seu abrigo.
Ah, o Salvador era nela ainda flor
mas o Batista, no seio da comadre,
já desatara aos saltos de alegria.

Rainer Maria Rilke, "A vida de Maria",
traduzido por Yvette K. Centeno,
Colóquio/Letras, n.º 186, maio de 2014, p. 171-181.

4

MARIA, EM BUSCA DE COMPANHIA

Alguns dias depois, Maria dirigiu-se apressadamente à região montanhosa da Judeia, à cidade onde Zacarias morava. Ela entrou na casa e saudou Isabel. Ao ouvir a saudação de Maria, o bebê de Isabel se agitou dentro dela, e Isabel ficou cheia do Espírito Santo.
Em alta voz, Isabel exclamou: "Você é abençoada entre as mulheres, e abençoada é a criança em seu ventre! Por que tenho a grande honra de receber a visita da mãe do meu Senhor? Quando ouvi sua saudação, o bebê em meu ventre se agitou de alegria. Você é abençoada, pois creu no que o Senhor disse que faria!". [...]
Maria ficou com Isabel cerca de três meses, e então voltou para casa.

Lucas 1.39-45,56

Entrou na casa e a saudou

Três meses na casa de Isabel e Zacarias foram um aconchego. Maria foi tratada como uma *abençoada*, o que lhe disseram muitas vezes. Abençoada ela era. Comeu bem. Acalmou a alma. Dormiu bastante, pois parecia que gravidez aumentava o sono. E conseguiu trazer para perto do coração e da mente o que estava acontecendo com ela e dentro dela: seria a mãe do *Filho do Altíssimo*. Mas então, era tempo de voltar para casa.

Ao final nem ficamos sabendo se ela ficou na casa de Isabel até o nascimento de João, o seu filho prometido. Maria bem que poderia ter ficado, para segurar a mão de Isabel, quando em trabalho de parto, aprendendo muito quanto ao seu próprio parto, ainda que ela nem suspeitasse das condições em que isso aconteceria.

No seu relato, Lucas diz que o anjo disse a Maria que Isabel estava grávida de seis meses; e diz que Maria foi *apressadamente* se encontrar com ela, ficando em sua casa por três meses. Lucas fala disso sem detalhes, mas quando descreve o encontro das duas a transcendentalidade ocupa todo o ar. O encontro é sagrado. Duas mulheres misteriosamente grávidas se encontram, se abraçam e quando isso acontece elas não conseguem deixar de olhar para os céus. Parece que só têm olhos para Deus. O Espírito Santo tomou conta de cada canto daquele encontro.

Senão, vejamos!

Tudo havia acontecido muito rápido e a mente e os sonhos de Maria só pensavam nisso: ficaria grávida. Ou grávida já estaria? E grávida também estava a sua idosa parenta Isabel. Grávida de seis meses. Ela precisava dar um jeito de ir lá, por mais difícil que fosse. Tinha a distância, pois seria uma caminhada de vários dias. Tinha a sua família, com a já desconfiada mãe, que precisaria dar o "sim" para essa inesperada viagem. E tinha José. Ah, o José! Aliás, nem se sabe se ela falou com ele antes ou depois dessa escapada, quanto a sua gravidez.

Da viagem não sabemos nada, mas quando ela chegou a coisa aconteceu. Chegou bem e sem muita bagagem. Bastou ela pôr o pé na porta para Isabel soltar o grito e o verbo.

Isabel havia passado todos os primeiros meses de sua extraordinária gravidez fechada em casa (Lc 1.24), num longo processamento do que estava acontecendo com ela. Agora já começava a carregar uma "senhora barriga", o que em sua idade parecia pesar mais. Os efeitos da gravidez haviam se manifestado: a pressão subiu, as varizes incomodavam e o cansaço chegava cada dia mais cedo. Ela procurava se recolher mais cedo, mas isso também já era difícil, pois encontrar uma posição para descansar já não era fácil. "Afinal", ela dizia a Zacarias, "não é fácil ficar grávida nesta idade. Nunca vi. Mas reclamar não vou, pois vou ser mãe."

Ainda que as coisas, compreensivelmente, tivessem passado a ser mais lentas naquela casa, e "naquele dia" não seria diferente, quando Maria entrou na sua casa Isabel rejuvenesceu. Deu um grito. Deu um pulo e de dentro dela saiu o que ela nunca havia pensado. Saiu canto. Saiu poesia. Saiu revelação.

Você é abençoada entre as mulheres, e abençoada é a criança em seu ventre! Por que tenho a grande honra de receber a visita da mãe do meu Senhor? Quando ouvi sua saudação, o bebê em meu ventre se agitou de alegria. Você é abençoada, pois creu no que o Senhor disse que faria!

O velho Zacarias, sentado no seu canto, levantou os olhos e "resmungou" o resmungo interno: "Ué, o que deu nessa mulher? Nunca vi. Quem está aí?". Resmungou, mas não perguntou, pois mudo estava fazia seis meses.

O que Isabel falou é coisa do outro mundo. Lucas diz que ela ficou cheia do Espírito Santo. O filho no ventre deu uma forte mexida e ela falou o que nunca havia pensado e nem sabido:

Maria chegava e estava grávida. A menina de ontem, imagina.
A gravidez era especial. Era de Deus.
Era tudo revelação e pela revelação ela sabia:
Maria era abençoada. O anjo sabia e ela sabia.
Carregava no ventre aquele que seria o "senhor" dela.
Maria havia crido. Estava crente.
Ela também havia acreditado, enquanto o seu marido estava mudo.

Meu Deus, quanta coisa. Vale um abraço e este se mistura à saudação. Um longo abraço, batizado pelas lágrimas das duas. Um abraço ofegante a registrar o bater acelerado do coração. Devagarinho, Maria dá um passo atrás e estende a mão para acariciar o ventre de Isabel. Ventre enrugado a aconchegar nova vida. E as lágrimas desceram de novo e de novo. Riam e choravam, choravam e riam, Maria ensaiando uns passinhos de dança, que Isabel acompanhava balançando o corpo. Zacarias olhou, olhou e foi lá fora pegar um ar. Algo acontecia, ele sabia.

Ao final daquele dia, depois que o coração já tinha voltado a bater normal, alguma comidinha havia rolado e o silêncio da noite chegou, assim como as histórias. Isabel até foi rápida quanto a sua prometida gravidez, pois nem muitos detalhes ela sabia e o que sabia tinha vindo do marido mudo. Mas o que ela sabia é que estava grávida, apesar da idade, por milagre de Deus, e que esse filho seria especial e já vinha com nome: João. O que ela sabia era que quando Maria pôs o pé na porta e a saudou, o menino no seu ventre soltou um chute. Um chute especial. Chutes no ventre não são novidade. Quem já conviveu com gravidez sabe como é isso. Sabe como esses chutes "incômodos" são bem-vindos. Eu me lembro. Num repente, a Silêda cobria o seu ventre esticado com a minha mão curiosa para que eu sentisse o chute do menino, como sempre foi o nosso caso. Mas aqui, no ventre de Isabel, o chute vem com o toque do divino. É chute de alegria, disse Isabel, para logo seguir com um "Vamos ter tempo para falar sobre isso, Maria. Eu quero saber de você. Eu preciso entender aquilo que eu lhe disse e que saiu de dentro de mim como uma grande surpresa. Uma surpresa para mim e uma afirmação para você. Foi isso, Maria?".

Então Maria falou e Isabel balançou a cabeça como se soubesse de tudo. Maria falou do anjo e dessa sua inexplicável gravidez. Falou do que ela havia entendido e que daria à luz o *Filho do Altíssimo* por uma gravidez pelo *Espírito Santo*. Ele viria como descendente de Davi e estabeleceria um reino que *jamais terá fim*. Falou do seu susto e da sua dificuldade de entender anjo. Um mistério. Era como entender tudo sem entender bem e ao final dizer "sim". Um "sim" tão estranho como estranho também era o "sim" de Isabel para essa sua gravidez. "Mas você", disse Maria, "pelo menos tem marido, embora não tenha mais idade para engravidar. Mas, e eu? Ser mãe nessa idade e sem estar vivendo com o José! Não dá para entender. Tem sido difícil, mas estou em paz com o meu 'sim'. Creio que posso dizer que estou feliz. Deus me escolheu."

"Estranho!", ela continua. "A gente diz 'sim' sem nem ter sido, de fato, perguntada. Fica feliz com o 'sim' que diz e se sente e se sabe abençoada, ainda que atrapalhada e confusa. Agraciada. Escolhida. Só Deus mesmo para algo assim."

E elas foram dormir. Estavam exaustas. Uma da viagem e a outra da idade. Havia sido muita coisa para um dia só e elas teriam três meses para conversar e repetir as mesmas histórias, sempre de novo. Histórias que iam do filho no ventre de Isabel, esse João especial, para o filho no ventre de Maria, que se chamaria Jesus. Um Jesus diante do qual, anos mais tarde, o cético discípulo Tomé suspirou dizendo: *Meu senhor e meu*

Deus! (Jo 20.28). Disso Isabel já sabia muitos anos antes, quando saudou essa visita surpresa dizendo: *Por que tenho a grande honra de receber a visita da mãe do meu Senhor?*

Depois de três meses Maria voltou para casa.

O tempo com Isabel havia sido muito especial e ela não conseguia nem imaginar como teria sido o início de sua gravidez sem essa convivência. Maria precisava desse tempo e dessa presença. Maria precisava de gente e de gente que pudesse abraçar, com quem pudesse chorar, conversar e olhar para os céus. Gente que acreditava que Deus faz coisas impossíveis. E ela tinha convivido com uma mulher que estava vivendo exatamente isso. Assim como ela.

Na última noite Maria arruma a sacola enquanto Isabel a contempla em silêncio. Uma lágrima aqui e outra acolá dão testemunho dessa saudade que já vem antes da hora e esse nó na garganta a dizer que a separação vai ser difícil. Mas ambas sabiam o quanto esse tempo de companheirismo havia sido especial e o quanto é difícil carregar o peso da vocação sozinha. Mas agora elas têm a memória desse tempo juntas e isso as sustentará pelos dias que virão. Logo virão outras conversas e outras companhias. É só lembrar de Zacarias, que voltará a falar e a cantar, e de José, que voltará a procurar Maria, oferecendo-lhe um longo abraço de aceitação.

Coisas do texto

O relato do encontro entre Isabel e Maria é um daqueles textos que mexem fundo na alma humana, pois falam do encontro de duas mulheres que estão vivendo um período de grande intensidade. Um encontro entre uma mulher idosa e estéril que está grávida e uma adolescente virgem que também está grávida; grávida pelo Espírito. Uma cena muito humana e divina. (Uma cena imortalizada de várias maneiras no decorrer da história e retratada também na página 95 por uma artista moderna, a fazer companhia com outras expressões de arte.)

Essa narrativa encontra-se apenas no Evangelho de Lucas, que encaixa nela o conhecido *Magnificat*, um canto a brotar dos lábios de Maria e que merece uma abordagem particular, como faremos no próximo capítulo.

Duas milagrosas anunciações — Zacarias e Maria — haviam ocupado o início desse Evangelho e o presente relato dá testemunho de um encontro entre as duas mulheres que experienciavam esse milagre em seus ventres. Uma vez mais, como na própria anunciação, o texto tem o toque da transcendência, com a marcante presença do Espírito Santo a revelar o inesperado e o "impossível", bem como o toque da historicidade (e lá foi Maria para *a região montanhosa da Judéia, onde Zacarias morava*), ainda que o texto não nos dê nenhuma indicação de como essa longa caminhada foi encarada.

A distância entre Nazaré, onde vivia Maria, e o lugar onde Zacarias e Isabel moravam era algo entre cento e vinte e cento e sessenta quilômetros, significando uma jornada de três a quatro dias[1] ou mais. Diferentes alusões quanto a essa jornada têm ocupado vários comentários, inclusive a nota de que Maria não deve ter feito a viagem sozinha, dados os riscos de tal empreitada.[2] Aventa-se até a possibilidade de que Lucas tenha feito uma abordagem menos precisa da Judéia, mas sem exagerar, no intento de identificar a exata localização da moradia de Zacarias.[3] No entanto, a indicação de que Zacarias, sacerdote no templo, morava fora de Jerusalém não é de estranhar, pois era comum que alguns sacerdotes não morassem em Jerusalém, mas nas suas cercanias, o que seria também o caso de Zacarias.[4]

O que Lucas relata é que Maria *foi apressadamente*, o que poderia apontar para uma ida logo após ter recebido a visita do anjo, voltando após três meses. Com pressa ela foi e sem detalhes ela voltou, bem provavelmente para a mesma casa de onde havia saído, pois o seu casamento com José ainda não havia se consumado. É importante destacar que nada é irrelevante ou secundário nesta narrativa, pois Lucas tem a intenção de apontar para a vinda do Messias e todos os sinais apontam nesta direção. O próprio menino a ser chamado João já aponta para este outro menino, a ser chamado Jesus, ainda que ambos estejam em ventres diferentes. Quando Isabel assume a palavra isso fica claro, pois a vemos,

---

[1] I. Howard Marshall, *The Gospel of Luke: A Commentary on the Greek Text* (Grand Rapids, MI: Eerdmans, 1978), p. 80.
[2] Tim Perry, *Mary for Evangelicals: Toward an Understanding of the Mother of our Lord* (Downers Grove, IL: InterVarsity Press, 2007), p. 82.
[3] Raymond E. Brown, SS, *The Birth of the Messiah: A Commentary on the Infancy Narratives in the Gospels of Matthew and Luke* (Nova York: Doubleday, 1994), p. 328.
[4] Brown nos diz que é estimado que apenas "um quinto dos sacerdotes vivia em Jerusalém. Muitos vivam nas cidades da Judeia"; p. 331. E Daniel Del Gaudio aponta para "Aim Karen, a cidadezinha nas montanhas, próxima a Jerusalém", onde moravam Zacarias e Isabel; ver *Maria de Nazaré: Breve tratado de Mariologia* (São Paulo: Paulus, 2016), p. 72.

como diz Perry, "inspirada a oferecer uma bênção extraordinária, teologicamente rica e repleta de insight sobrenatural".[5]

Nesse encontro a palavra está com Isabel e nenhum registro se dá quanto a uma palavra de Maria, até chegar a hora do seu *Magnificat*. Mas é a chegada e a presença dela que desencadeia uma inesperada "bagunça" nessa casa que havia ficado silenciosa por tanto tempo. É a saudação dela que provoca uma explosão de vida na idosa Isabel. Num primeiro momento ela registra a surpresa da visita e a natureza da visita, para logo nos surpreender com o seu cântico.

Lucas diz que Isabel ficou reclusa por cinco meses, após a descoberta de sua gravidez (1.24); mas a chegada de Maria muda o ritmo da casa e traz alegria, associada a gratidão pela sua própria gravidez (1.25). Há de fato uma riqueza e mistura de imagens no texto. Senão vejamos:

- Quem toca o ritmo da reação à saudação de Maria é a criança que está no ventre de Isabel.
- Diante da saudação de Maria, Isabel fica cheia do Espírito Santo e fala de coisas que ela nem sabia.
- Isabel solta a voz, pois algo muito importante está acontecendo. Algo que lhe foi revelado. Algo digno de um cântico.

Ela canta e Lucas inclui o cântico em sua narrativa, pois gosta desses cantos que celebram o que Deus está fazendo. No caso específico do cântico de Isabel o foco está na criança que está no ventre de Maria. Há bênção por todo lado! Isabel se percebe abençoada, pois está grávida do João. João é abençoado pois, como também canta o seu pai Zacarias, ele *será chamado profeta do Altíssimo, pois preparará o caminho para o Senhor* (1.76). E Maria é abençoada, pois carrega no ventre este *meu Senhor*, como diz Isabel. Ela é *abençoada entre as mulheres*, pois *creu no que o Senhor disse que faria*.

Maria tem um lugar especial no plano de Deus por ser aquela que irá dar à luz aquele que será *luz de revelação às nações* (2.32). Isso acontece de fora para dentro, da vontade de Deus para o ventre da Maria, mas é acompanhado do fato de que ela creu naquilo que lhe foi anunciado, como ressalta Isabel. Em casa ela tem o Zacarias, que não conseguiu

---

[5] Perry, *Mary for Evangelicals*, p. 82.

crer no que lhe foi anunciado e ficou mudo no decorrer de toda essa gravidez. Maria, no entanto, creu e assim fazendo está em sintonia com aquilo que o próprio Jesus iria esperar de todos aqueles que entrassem em contato com ele. Quando, anos depois, no decorrer do seu ministério, uma mulher ecoou as palavras de Isabel dizendo *Feliz é sua mãe, que o deu à luz e o amamentou!*, Jesus lhe respondeu: *Ainda mais felizes são os que ouvem a palavra de Deus e a praticam* (11.27-28). Maria soube disso bem cedo, ao mesmo tempo que o foi aprendendo no decorrer dos anos e na medida em que aprendeu a andar com Jesus. A mãe do *meu Senhor*, na linguagem da Isabel, precisava aprender a ser seguidora desse mesmo Senhor, na companhia de outros que assim o faziam.

Abençoada, Maria volta para sua casa. Antes, porém, ela canta e quando ela canta é melhor escutar. Mas antes, ainda, destaco mais uma vez o quão importante foi para Maria passar esses três meses na casa da Isabel e quanto lhe foi importante ouvi-la dizer e repetir aquilo que o anjo também lhe havia dito. Dessa repetição ela precisava para solidificar a sua fé e acalmar o seu coração.

Tudo teria sido muito mais difícil se ela tivesse ficado sozinha. Mas sozinha ela não podia ficar. Ela precisava de companhia. Companhia que se manifestaria, também, em outros momentos marcantes de sua vida.

O gosto da comunidade e a companhia das mulheres

A última referência a Maria, como vimos, é quando a presença dela é anotada na incipiente comunidade dos seguidores do Cristo ressurreto. Na ocasião se registra a presença dos onze discípulos remanescentes, de *algumas mulheres e também de Maria, mãe de Jesus, e os irmãos dele*. Num versículo adiante o grupo já se expandiu para *120 discípulos*. Ou seja, vivia-se um novo momento, no qual se esperava pela vinda do Espírito Santo, e estava surgindo uma nova comunidade, na qual *todos se reuniam em oração com um só propósito* (At 1.14-15).

Um longo caminho havia sido percorrido desde a cena da anunciação até o momento em que Maria, agora uma mulher madura, encontrou o seu lugar na comunidade dos que criam e seguiam a Jesus. Lucas faz questão de colocá-la no seio dessa emergente e expectante comunidade, acrescido da nota de que outros filhos dela também lá estavam. Lucas, pois, inicia o

seu escrito intitulado Atos dos Apóstolos fazendo referência à família de Jesus, ou parte dela, até preparando o terreno para, mais adiante, destacar o papel de Tiago na liderança dessa comunidade (At 15.13; Gl 1.19).

Note-se que assim como Maria aparece, assim ela desaparece, pois a intenção dos evangelistas não é apontar para ela, mas para Jesus. Mas também convém notar que ela se tornou uma seguidora desse Jesus a quem ela deu à luz. Ela, diz Perry, é, com razão, identificada como "a modelo para todos os cristãos", pois foi a primeira que creu.[6] A isso acresce-se o fato de que ela não desistiu de crer, mesmo tendo enfrentado diferentes momentos de dúvidas e ambiguidade, como é tão típico na caminhada humana. Ela começou crendo e terminou crente. Ela começou sozinha, com o anúncio do anjo, e terminou na comunidade daqueles que creram. Começou sozinha, mas terminou, com filhos seus, nessa mesma comunidade. Maria caminhou da obediência de fé para a comunidade dos que creram, passando pelas mais diferentes tentações e dificuldades, para terminar na comunhão de oração que leva a focar na emergente missão: *em oração com um só propósito.*

Há algo mais nessa modelação da vida cristã. Ou seja, ser essa modelo não depende simplesmente dela, mas da própria vocação graciosa de Deus. Maria é escolhida por iniciativa de Deus. Ela é mulher, simples e pobre, oriunda de um lugar insignificante como Nazaré, simbolizando assim o nascimento de um povo que quer e até precisa ter esta marca no decorrer da história da igreja. Uma igreja que simboliza essa comunidade dos desconhecidos e excluídos. A comunidade dos fracos e desprezados (1Co 1.27), dos peregrinos e estrangeiros (1Pe 2.11), daqueles que foram alvo de zombaria e açoites, correntes e prisões, na consciência de que *este mundo não era digno deles* (Hb 11.36-37). Maria modela essa comunidade, por ser exatamente assim.

É claro que Maria não está sozinha nessa modelação. Nela estão as mais diferentes pessoas com as mais diferentes histórias e todas elas, como ressalta a primeira carta de Pedro, foram resgatadas *do estilo de vida vazio que herdaram de seus antepassados* pelo *sangue precioso de Cristo* e não com *simples ouro ou prata, que perdem seu valor* (1Pe 1.18-19). Todas essas pessoas modelaram, com suas vidas, essa comunidade.

---

[6] Perry, *Mary for Evangelicals*, p. 93-94.

No caso de Maria é significativo destacar ainda que ela vai comodelando essa comunidade junto com outras mulheres. Mulheres que a ensinaram e a desafiaram a andar no caminho do seguimento a Jesus. É significativo que Lucas descreve essa incipiente comunidade como sendo composta pelos discípulos remanescentes e por *algumas mulheres*. Essas mulheres tinham andado com Jesus e acompanhado o seu ministério, estavam presentes por ocasião da crucificação e do sepultamento e foram as primeiras testemunhas da ressurreição, como destacado por Lucas (Lc 8.2-3; 23.49; 23.55; 24.10), assim como por Marcos, Mateus e João. A comunidade dos crentes é composta, desde os seus inícios, também por mulheres. Mulheres resgatadas, mulheres a quem o Espírito Santo cobriu, resgatou e inspirou, mulheres que ajudaram no sustento do ministério de Jesus e mulheres que celebraram a ressurreição e, junto com os discípulos, esperaram pela vinda do Espírito Santo. Mulheres que, desde o início, ajudaram a compor e apontar para esta nascente comunidade da restauração, do cuidado e da inclusão.

O evangelho de Jesus era bem assim, e Maria, a mãe de Jesus, Maria, mãe de Tiago, Maria Madalena, Joana, para citar algumas, o visibilizaram, dele testemunharam e fizeram parte das igrejas que foram surgindo no decorrer dos anos e para além de Jerusalém.

Umas poucas décadas haviam passado e a tudo Maria tinha vivido e tudo ela havia acompanhado, como veremos um pouco adiante: da solidão da anunciação, da busca por companhia na casa da Isabel aos arranjos e desarranjos em torno ao nascimento de Jesus. Do crescimento do menino às lutas e dificuldades para entendê-lo e aceitá-lo à medida que ele assumia uma presença e ação pública. Da sua obtusa caminhada para Jerusalém, falando em sua própria morte, até que ela se viu debaixo da cruz que significava a morte dele. Muita coisa havia passado. Muito mais do que ela poderia ter imaginado. Mas agora ela sabia: ela era uma mulher crente no contexto de uma comunidade de pessoas crentes. Crentes em Jesus, o ressurreto *Filho do Altíssimo*. Agora ela sabia: tudo tinha valido a pena, nada havia que ela devesse ter rejeitado, e tudo havia se encaminhado para que ela desaparecesse assim, na comunidade dos que estão juntos e orando *com um só propósito*.

Obrigado, Maria, pela companhia.

A teologia se aninha na comunidade

Foram três meses de convivência. Uma convivência tão intensa como intensa era a experiência que Isabel e Maria estavam vivendo em seus próprios corpos. Uma convivência na qual apreciavam a experiência do mistério, o cumprimento de promessa de Deus para com o seu povo, o exercício da fé e a gestação de uma esperança por novos tempos e novas convivências. Ao tentar conciliar o sono, na última noite na casa da Isabel, Maria repassa os últimos meses na imaginação dos olhos já fechados e se dá conta de quão difícil teria sido esse período sem essa comunhão de coração, de ventre e de esperança na casa de Isabel.

Nessa convivência nasce uma teologia que se poderia qualificar como a teologia do encontro. Alimentada pelo susto da revelação de Deus, ela responde crendo, convivendo e soletrando *meu Senhor*. Teologia que não se deixa assustar acaba estéril. A teologia que não crê é muda e se ela não consegue dizer *meu Senhor*, já não tem nem identidade nem vocação.

Essa teologia do encontro ganha outra configuração na convivência que ocorre, uns bons anos mais tarde, na emergente comunidade dos seguidores de Jesus Cristo. Essa convivência vive da memória do Jesus, seu ministério, sua cruz e sua ressurreição, e na expectativa do Espírito Santo que lhes irá aguçar essa mesma memória e enviá-los para além de todas as fronteiras que possam imaginar. E ali está Maria, devidamente acolhida e acolhendo, e lá deve estar essa teologia do encontro que experiencia a convivência comunitária do cuidado e da inclusão, ao mesmo tempo que gesta um testemunho que aponta para uma comunidade que tem os sinais daquela convivência e daquela realidade que Jesus chamou de reino de Deus. A teologia que nasce e se alimenta dessa comunidade respira pelo Espírito Santo e responde crendo e orando com um só propósito (At 1.14).

Assim, nos diz Maria, a teologia se faz na comunhão dos crentes e no exercício de uma vocação que nos coloca a serviço daquilo que Deus faz a partir de nós, no compartilhamento de nossas histórias e na angústia e na esperança de discernir o que Deus tem reservado para nós. A teologia se faz na comunidade e se experimenta como comunhão. A teologia que não nasce da comunhão em comunidade acaba se manifestando como um discurso individualista e muitas vezes aprisionado por uma academia que a deixa infértil, detalhista e triste. Teologia triste das palavras mudas. A teologia precisa voltar a ganhar o seu lugar na roda das estéreis e das virgens que experienciam vocação. A teologia precisa se assustar com o que Deus faz e palpitar espaços de uma obediência que se vai gestando nos encontros humanos que se sabem abençoados.

MEU ESPÍRITO SE ALEGRA

Dietrich Bonhoeffer

O cântico de Maria é o mais antigo hino do Advento.
É também o mais apaixonado, mais selvagem e,
quase se poderia dizer,
o mais revolucionário que já foi cantado.

Esta não é a Maria gentil, terna e sonhadora
como frequentemente retratada em pinturas.
A Maria aqui é apaixonada, arrebatada, orgulhosa,
entusiasmada.
Não há aqui nenhum tom doce, melancólico ou mesmo brincalhão de muitas de nossas canções de Natal,
mas o tom duro, forte e implacável
sobre a derrubada dos tronos
e a humilhação dos poderosos deste mundo,
sobre o poder de Deus, e a impotência da espécie humana.

Este é o tom das mulheres proféticas do Antigo Testamento —
Débora, Judite, Miriã —
ganhando vida na boca de Maria.
Maria [...] fala, pelo poder deste Espírito,
sobre a vinda de Deus ao mundo,
sobre o Advento de Jesus Cristo.

"My Spirit Rejoices", sermão de Advento proferido
na Igreja da Trindade, Berlim, 17 de dezembro de 1933,
<https://www.sermoncentral.com/sermons/my-spirit-rejoices-dietrich-bonhoeffer-sermon-on-christmas-168651>.

5
CANTA, MARIA, CANTA!

Minha alma exalta ao Senhor!
Como meu espírito se alegra em Deus, meu Salvador!
Pois ele observou sua humilde serva,
e, de agora em diante, todas as gerações me chamarão abençoada.
Pois o Poderoso é santo,
e fez grandes coisas por mim.
Demonstra misericórdia a todos que o temem,
geração após geração.
Seu braço poderoso fez coisas tremendas!
Dispersou os orgulhosos e os arrogantes.
Derrubou príncipes de seus tronos
e exaltou os humildes.
Encheu de coisas boas os famintos
e despediu de mãos vazias os ricos.
Ajudou seu servo Israel
e lembrou-se de ser misericordioso.
Pois assim prometeu a nossos antepassados
a Abraão e a seus descendentes para sempre.

Lucas 1.46-55

O *Magnificat* é muito especial!

Magnificat é o nome pelo qual é conhecido esse cântico que tem atravessado a história e o qual o povo de Deus sempre novamente evoca, em suas liturgias, em seus tempos de adoração e, até, em sua evocação de esperança por realidades transformadas. Nem cabe em nossos registros quantas vezes, em diferentes tempos e línguas, já se disse e repetiu esta exclamação de Maria: *Minha alma exalta ao Senhor*. O cântico, cuja primeira palavra em latim é *Magnificat*,[1] continua a reverberar até hoje, ainda que não se saiba, de fato, como ele nasceu. Maria o encontrou rascunhado e o declamou? Como foi que Lucas o encontrou? O que recebemos foi um cântico autorado por Maria e integrado à narrativa do encontro entre Maria e Isabel.[2]

Maria abraça esse cântico com intensidade e passa-o pelo filtro de sua própria experiência, procurando entender e afirmar o que significa ser escolhida e vocacionada nessa mexida histórica de Deus. Ao chegar à casa de Isabel, ela é saudada e recebida com uma avalanche profética diante da qual ela se percebe abençoada e fica novamente perplexa. Então responde com esse cântico, que vem a se constituir numa elaborada expressão teológica vinda da boca de Maria.

No *Magnificat* encontramos um cântico cheio de beleza e de poesia, a anunciar a construção de um outro edifício social e a afirmar a ação transformadora de Deus em pleno tempo histórico. Nele Maria dá testemunho de um Deus que cumpre o que anunciou e afirma a sua misericordiosa identidade. Um Deus ao qual ela exalta e ao qual ela se submete. Um cântico no qual ela fala a partir de suas raízes e emerge como crente israelita identificada com os crentes entre seu próprio povo. Para o seu povo ela se volta, recordando que Deus estava tornando realidade o que havia prometido aos seus antepassados, e vai lá longe, até Abraão e a promessa que Deus lhe fez.[3]

---

[1] "*Magnificat anima mea Dominum*", é como o cântico inicia em latim.

[2] Muitos estudiosos têm se debruçado sobre a origem e autoria desse canto. Ainda assim, as respostas são parciais e tentativas. Após exaustivo estudo Stephen Benko diz que nunca saberemos a sua origem, "a menos que novas descobertas esclareçam o problema". Mas cedo ele foi atribuído a Maria, o que "fica óbvio pelo fato de que todos os manuscritos gregos disponíveis já incluem nele o nome de Maria". Ver Stephen Benko, "The Magnificat: A History of the Controversy", in *Journal of Biblical Literature*, vol. 86, nº 3, 1967, p. 274-275.

[3] Brown discerne a Maria sendo identificada com os chamados "*anawin*", por Lucas. Estes são, no contexto do povo de Israel, os "pobres", no sentido de serem absolutamente dependentes de Deus para a sua sobrevivência. Ver Raymond E. Brown, SS, *The Birth of the Messiah: A Commentary on the Infancy Narratives in the Gospels of Matthew and Luke* (Nova York: Doubleday, 1994), p. 328.

Resgatar, entender e declamar esse cântico, no seu momento histórico, é assustador e corajoso. É profético. Afinal, Maria vivia num tempo opressivo e explorador, tanto pela presença impositiva e controladora das forças bélicas do império romano, como pela atarraxada estrutura de impostos que este havia implantado. Nesse contexto, ser vocacionada a dar à luz o *Filho do Altíssimo*, que iria ocupar o trono de Davi, se constituía numa afronta ao próprio império romano. Pois esse título, *Filho do Altíssimo*, não era uma mera expressão religiosa, como diz Erin Dufault-Hunter. Ele aparecia impresso nas moedas romanas que circulavam nessa conquistada região da Palestina. "César Augusto", diz Erin, "governava como 'divino filho de Deus'. Cada transação econômica fazia lembrar que César cuidava dos seus governados e era um alerta para qualquer pessoa que tentasse negar a reivindicação dele ao poder."[4]

Nesse clima de domínio, a máquina do templo havia sido transformada num centro *hipócrita* de exercício de poder e acúmulo de benefícios; um *esconderijo de ladrões*, como o fruto do ventre de Maria iria diagnosticar anos mais tarde (Mt 23; Lc 19.46). Ou seja, esse tempo em que ela vivia era absolutamente contrário ao que estava anunciando. Lutero destaca que é nesse tempo, quando os "sacerdotes tinham se apossado" da honra de governar sozinhos, arrogando-se descendentes de Davi, mesmo que essa casa real tivesse se tornado "um tronco morto", "pobre e desprezada", que Maria canta acerca de algo novo que Deus está fazendo. Assim, diz Lutero, "justamente quando a casa real de Davi chegara ao topo de sua insignificância, Cristo nasceu do tronco desprezado, da humilde e pobre mocinha. O rebento e a flor brotam dessa pessoa que a filha do senhor Anás ou Caifás nem considerariam digna de ser sua mais humilde criada. Assim as obras de Deus acontecem na profundeza, enquanto aquilo que os seres humanos veem e realizam volta-se somente para o alto".[5]

O cântico de Maria inicia a construção de uma espécie de ponte entre o antigo e o novo. Deixando ressoar a voz que emerge do mundo antigo, Maria aponta para o Deus que fez promessas e as está cumprindo, e

---

[4] Erin Dufault-Hunter, "The Political is Personal: Mary as a Parent and Prophet of Righteousness", *Fuller Magazine*, 23, 3 de junho de 2022, <https://fullerstudio.fuller.edu/theology/the-political-is-personal-mary-as-a-parent-and-prophet-of-righteousness/>.
[5] Martim Lutero, *Magnificat: O louvor de Maria* (São Leopoldo, RS/Aparecida, SP: Sinodal/Santuário, 2015), p. 16.

olhando para o novo ela dá testemunho de um Deus que *observou sua humilde serva* e, através do que está sendo gerado nela, está se mostrando como um Deus que é poderoso em sua ação e demonstra misericórdia de geração em geração. O cântico ecoa a simbologia, a linguagem e a própria poesia do Antigo Testamento, ao falar da salvação que Deus está gestando e vai gestar; mas o faz a partir de Maria e disso ela dá testemunho.[6] Ao afirmar esse seu lugar de fala, ela afirma a sua vocação, que aponta numa direção cristológica. Da ênfase soteriológica e sua base veterotestamentária, portanto, vê-se Maria apontando para uma soteriologia cristológica, ainda que incipiente. Norval Geldenhuys, ao comentar sobre Lucas, diz ser surpreendente que nesse cântico Maria não pronuncie "uma única palavra direta em conexão com o Filho que lhe foi prometido. No entanto, ela assume o tempo todo que ele foi, realmente, prometido a ela. Todo o seu cântico é inspirado nesse fato".[7]

Como comunidade do Novo Testamento, é importante ler o *Magnificat* na perspectiva de Jesus — sua vida ministerial, sua cruz e sua ressurreição. É através dessa lente cristológica que afirmamos o cumprimento das promessas de Deus. Maria canta que o misericordioso Deus está fazendo *grandes coisas*, o que se percebe quando os *orgulhosos e os arrogantes* são dispersos, *os príncipes* são derrubados dos seus tronos e *os ricos* são despedidos de mãos vazias, enquanto *os humildes* são exaltados e *os famintos* recebem muitas *coisas boas*. Anos mais tarde, no início do seu ministério, Jesus dará consistência histórica a essa afirmação de Maria ao declarar: *O Espírito do Senhor está sobre mim, pois ele me ungiu para trazer as boas novas aos pobres. Ele me enviou para anunciar que os cativos serão soltos, os cegos verão, os oprimidos serão libertos e que é chegado o tempo do favor do Senhor* (Lc 4.18-19). No *Magnificat* Maria anuncia o que Jesus irá tornar realidade, como um sinal da presença e da esperança do reino de Deus em meio aos acontecimentos históricos que envolvem a ela, seu povo e o próprio Jesus.

---

[6] Marshall afirma que o cântico se expressa pelo padrão da poesia hebreia e do pensamento judeu. Não seria difícil, portanto, encontrar o eco do AT neste cântico. Ver I. Howard Marshall, *The Gospel of Luke: A Commentary on the Greek Text* (Grand Rapids, MI: Eerdmans, 1978), p. 78-79.

[7] Norval Geldenhuys, *Commentary on the Gospel of Luke* (Grand Rapids, MI: Eerdmans, 1979), p. 85.

Vale a pena atentar para alguns aspectos desse cântico, no intento de celebrá-lo e deixá-lo convocar-nos para essa jornada celebrativa da ação transformadora de Deus também em nosso tempo.

Maria canta com outros cânticos

Cedo na história da comunidade de fé se aludiu e usou o *Magnificat* como uma peça tanto litúrgica quanto profética. E assim continuou, com muitos exemplos deixados para as gerações que vão emergindo. Do monge inglês conhecido como o "Venerável Bede" (673–735 d.C.), por exemplo, recebemos comentários que nos convidam para o compromisso. Ele diz assim: "Maria se volta para o início do seu cântico, onde diz: *A minha alma proclama a grandeza do Senhor*. Somente aquela alma por quem o Senhor em seu amor faz grandes coisas pode proclamar sua grandeza com louvor adequado e encorajar aqueles que compartilham seu desejo e propósito dizendo: Juntem-se a mim na proclamação da grandeza do Senhor; exaltemos seu nome juntos".[8]

No Evangelho de Lucas o cântico de Maria está em companhia de outros cânticos, junto com o de Zacarias, o *Benedictus*, e o de Simeão, o *Nunc Dimittis*. O fato de terem nomes a identificá-los indica sua importância; e Lucas, nos leva a acompanhar, através deles, a ação de Deus na história. Com o cântico de Zacarias se estabelece, em sintonia com Maria, uma ponte entre o velho Israel e o *novo* que Deus está gerando a partir desse povo. Desse *novo* o filho de Zacarias dará testemunho e, como profeta, *preparará o caminho para o Senhor* (1.76). Esse é aquele a quem sua mãe, Isabel, já havia se referido como *meu Senhor* (1.43). O cântico de Maria sintoniza com a afirmação do Deus que, com fidelidade e misericórdia, cumpre as suas promessas, e aponta para o cumprimento destas, produzindo uma profunda transformação no tecido social, seja no nível político, econômico, social e litúrgico. O cântico de Simeão deixa claro que essa transformação se dará a partir desse menino, ainda que o caminho não lhe seja fácil.

[8] Paul O. Iacono, "The Magnificat of Mary – A Beautiful Analysis by the Venerable Bede", *The Fra Angelico Institute for Sacred Art*, 22 de dezembro de 2021, <https://fraangelicoinstitute.com/2012/12/22/the-magnificat-of-mary-a-beautiful-analysis-by-the-venerable-bede/>.

Não é à toa, pois, que Lucas gosta dos cânticos, e eles vão fazendo parte desse seu Evangelho que vai delineando um caminho de *salvação*, como diz Simeão, para *todos os povos* (2.30). Um caminho que encontra sentido e direção nas palavras finais de Jesus, como registradas pelo próprio Lucas: *Sim, está escrito que o Cristo haveria de sofrer, morrer e ressuscitar no terceiro dia, e que a mensagem de arrependimento para o perdão dos pecados seria proclamada com a autoridade de seu nome a todas as nações, começando por Jerusalém. Vocês são testemunhas dessas coisas. Agora, envio a vocês a promessa de meu Pai. Mas fiquem na cidade até que sejam revestidos do poder do céu* (24.45-49).

Entre todos os cânticos, porém, se destaca o de Maria. Por ser proclamado por ela, pela forma como ela se vê nele e pelo anúncio que faz daquilo que Deus está fazendo. O seu cântico é eloquente e com sua poesia nos leva do divino ao humano e do pequeno e humilde ao anúncio profundamente transformador de toda uma realidade social. Destaco três movimentos que se encontram no coração desse cântico.

O primeiro deles é de pura exaltação. Maria abre a boca, canta com o coração e celebra o seu espírito. Ela está feliz. Grata. Sente-se e se sabe abençoada. Conhecida e reconhecida pelo Deus da misericórdia. Esse movimento está cheio de Deus. Um Deus poderoso e misericordioso, ao qual ela se dirige como *meu Salvador*. Um Deus que tem o toque da pessoalidade e fez *grandes coisas* por ela. Ela que é apenas uma *humilde serva* que não deixa de se surpreender pela ação desse Deus que a escolheu. O Deus de Maria escolhe os humildes e assim demonstra a natureza e o perfil de sua santidade, poder e misericórdia, e todos que o temem experimentarão isso, exatamente isso e sempre de novo, isso.

Num segundo movimento Maria vira tudo de cabeça para baixo, de um jeito que fica até difícil enquadrar seu anúncio no mapa da história. Uma história sempre tão resistente a alterar sistemas e estruturas de um poder que está sempre nas mesmas mãos, sempre afastando quem não faz parte do círculo, o que não é diferente no mundo de Maria, do seu cântico e do nosso mundo. Mas Maria não desiste e insiste. Ela usa três verbos de desconstrução e dois verbos de construção. Ao falar da desconstrução ela diz que os *orgulhosos* serão dispersos, os *príncipes* serão derrubados dos seus tronos e os *ricos* serão despedidos de mãos vazias.

Usando verbos de construção ela afirma que os *famintos* serão enchidos de *coisas boas* e os *humildes* serão exaltados. O que Maria está propondo aqui é uma completa reestruturação político-social, econômica e cultural. Uma reestruturação que se estabelece por outros caminhos, os caminhos delineados pelo próprio Deus.

É até difícil entender que essa Maria tão simples e tão jovem tivesse uma percepção tão aguda da realidade, com seus mecanismos opressores e exploradores, a ponto de discernir a importância da intervenção de Deus para mudar essa realidade, pois só assim os famintos terão algo que comer e para sobreviver e os humildes passarão a ocupar um novo lugar na sociedade, como está acontecendo com ela mesma, encontrada por Deus em sua absoluta humildade. Uma humildade cultural, política e econômica acompanhada de uma humildade que se submete àquilo que Deus tem reservado para ela. Maria é, portanto, o sinal vivo das grandes coisas que Deus está fazendo, que os profetas já anunciaram e no que Jesus vai insistir. É necessário concordar com Bonhoeffer quando diz que "o cântico de Maria é o mais antigo hino do Advento. É também o mais apaixonado, mais selvagem e, quase se poderia dizer, o mais revolucionário que já foi cantado".[9]

Pode ser difícil entender e aceitar que Maria esteja propondo essa transformação tão radical no quadro social em que vive. Mas além de não falar sozinha e sim com os profetas, ela está falando com a esperança escatológica que marcará a comunidade dos seguidores de Jesus no decorrer da história. Uma comunidade que apontará para Jesus como o centro e a razão de ser destas mudanças, já no presente e no futuro. Continuando com Bonhoeffer, se poderia dizer que neste mundo "penúltimo" essas mudanças são anunciadas e sinalizadas, como o próprio Cristo o faz, mas no mundo "último" elas serão a realidade de todos e de tudo, para com todos e em tudo.[10]

No terceiro movimento, Maria volta tematicamente para casa, para o seu povo, lembrando que este não foi esquecido e que aquilo que foi

---

[9] Dietrich Bonhoeffer, "My Spirit Rejoices", sermão de Advento proferido na Igreja da Trindade, Berlim, 17 de dezembro de 1933, <https://www.sermoncentral.com/sermons/my-spirit-rejoices-dietrich-bonhoeffer-sermon-on-christmas-168651>.
[10] Ver Dietrich Bonhoffer, *Ética* (São Leopoldo, RS: Sinodal/EST, 2015), p. 79-92.

prometido a *Abraão e seus descendentes* está sendo cumprido. É cumprido à medida que o fruto dessa sua gravidez vem à luz, passa a ministrar e é crucificado. Anos mais tarde, quando o próprio Jesus é confrontado com a pergunta acerca do cumprimento dessa promessa, sua resposta é simplesmente real: *Naquela mesma hora, Jesus curou muitas pessoas de suas doenças, enfermidades e espíritos impuros, e restaurou a visão a muitos cegos. Em seguida, disse aos discípulos de João: "Voltem a João e contem a ele o que vocês viram e ouviram: os cegos veem, os aleijados andam, os leprosos são purificados, os surdos ouvem, os mortos são ressuscitados e as boas-novas são anunciadas aos pobres". E disse ainda: "Felizes são aqueles que não se sentem ofendidos por minha causa"* (Lc 7.21-23).

Maria sabe o que está cantando, pois ela sabe o que o Espírito lhe está soprando e sabe do impacto que esse Espírito provocou em sua vida. Ela sabe como profetas sabem, sabendo sem saber.

Ao olharmos para esses movimentos poéticos, quase precisaríamos pedir desculpas pela pobreza das palavras que tentam explicar aquilo que se disse poeticamente. De poesias, afinal, nunca se diz tudo, pois sempre conseguem estar adiante de todos os verbos e todas as sentenças. As poesias abrem o horizonte e através do *Magnificat* Maria nos leva ao encontro de um Deus que surpreende pelas escolhas que faz, pela teimosa misericórdia com a qual se revela e por esse seu jeito de gerar esperança. Eis a poesia e a poetisa Maria que exala uma "majestade" que nos conduz ao encontro de uma profunda alegria na qual o coração repousa.[11] E assim ela canta e através do canto ela adora. Adora aquele que *observou sua humilde serva.*

Esse cântico vai muito além da Maria e expressa muito mais do que ela diz. Com ele, ela recolhe a história e a empurra para frente. Ao recolher a história, Maria encontra na sua tradição de fé rascunhos poéticos dos quais faz uso, os reinterpreta à luz do que Deus está fazendo com ela e através dela, e abre o horizonte para aquilo que Deus continuará fazendo no decorrer da história. Ela mesma está sendo surpreendida a cada instante por essa ação de Deus que, anos mais tarde, o seu próprio Filho transformará em realidade histórica. O que ela canta hoje, ainda no início da gravidez, ele viverá amanhã, embora ela não tenha um

---

[11] Geldenhuys, *Commentary on the Gospel of Luke*, p. 85.

vislumbre exato de como e quando isso acontecerá. Maria precisa viver da fé e pela fé.

Lembrar que Maria não canta sozinha, mas com sua comunidade de fé, é importante. Ela se sente e se sabe puxada para dentro dessa história de Deus na qual não se pode esquecer quem ele é, do que ele prometeu e do que pode e irá acontecer pela sua ação e em seu nome. Maria sabe de tudo isso sem necessariamente saber a tudo detalhar. Ela sabe, pois sabe atentar para o Espírito e ousa dizer *que aconteça comigo*. Maria sabe e convida a saber:

> *Minha alma exalta ao Senhor!*
> *Como meu espírito se alegra em Deus,*
> *meu Salvador!*

Simeão canta e Maria escuta

Alguns meses haviam passado desde o cântico e muita coisa havia acontecido na vida de Maria e da sua família, agora composta pelo seu esposo José e seu filho Jesus, assim chamado por indicação do anjo. No próximo capítulo vamos falar do seu nascimento. Antes, porém, queremos escutar um dos outros cantos registrados por Lucas, o cântico de Simeão (Lc 2.29-32). Como os outros, este também está inserido numa narrativa que prepara o caminho para o centro do evangelho, que é o próprio Jesus.

A criança é circuncidada e nominada no oitavo dia. Depois disso, concluído o período de purificação da mãe, José e Maria levam Jesus ao templo, em Jerusalém, para ser consagrado e entregue para o serviço de Deus, assim como havia sido feito com Samuel.[12] Nessa ocasião seus pais levam consigo a oferta dos pobres, que, conforme a lei, se constitui em *duas rolinhas ou dois pombinhos* (Lv 5.11; 12.6). O que espera Maria e José no templo, no entanto, é muito mais do que um ato cerimonial,

---

[12] Marshall alude ao fato de que depois de dar à luz, a mulher permanece por sete dias como "cerimonialmente impura" e ao oitavo dia o seu filho é circuncidado. Depois disso ela fica reclusa em sua casa por 33 dias, quando oferece sacrifício. Isso, no entanto, não demandava que ela fosse ao templo, como é o caso aqui. A ida ao templo indica um ato de consagração do filho nascido. Ver *The Gospel of Luke*, p. 116.

colocando-os diante de um quadro que os surpreende com novas revelações quanto a este menino, seu papel e seu destino, envolvendo a própria Maria.

Como será que Maria processou tudo o que estava acontecendo com ela nesse seu último ano? Nem dá para imaginar. Recentemente ela havia passado por muita coisa: um grande deslocamento geográfico, de Nazaré a Belém, em final de uma gravidez inesperada, e por um desajeitado parto. Tinha sido visitada por uns pastores da redondeza que, eufóricos, lhe falaram de anjos e de cantos celestiais que apontavam exatamente para este menino que acabara de nascer. Diante de tal avalanche emocional, espiritual e até física, Lucas nos diz que um jeito de Maria processar tantas coisas e coisas tão diferentes era guardá-las no coração e refletir sobre elas (Lc 2.19).

Umas semanas depois eles estão no templo (2.21-38), com tudo o que significa para interioranos estarem na capital e se aproximarem da imponência do templo, que sempre admiraram. Lá, quem vem ao seu encontro são dois idosos, Simeão e Ana, e estes não demoram a pegar o menino nos braços. Dois desconhecidos com aproximações conhecidas, marcadas por um agudo discernimento espiritual. Simeão se vê levado ao templo pelo Espírito e Ana, que não saía do templo, passa a falar do menino como a *redenção de Jerusalém* (2.38).

Num relance de tudo o que lhe havia acontecido e tudo o que se lhe havia dito, Maria capta o sentido de algumas coisas que estão acontecendo, enquanto outras lhe são bastante novas e até trazem significativa perturbação. Ela consegue, por exemplo, ter alguma percepção do que Ana está dizendo, pois sintoniza com o que o anjo dissera por ocasião da sua vocação, que ela daria à luz aquele que *reinará sobre Israel* (1.33). Mas o que Simeão diz amplia o círculo em torno deste menino e a surpreende com coisas que não sabia e nem gostaria de saber. Simeão canta assim e canta em tom de revelação:

Soberano Deus, agora podes levar em paz o teu servo,
como prometeste.
Vi a tua salvação, que preparaste para todos os povos.
Ele é uma luz de revelação às nações
e é a glória do teu povo, Israel! (2.29-32)

Simeão empurra o horizonte dessa salvação para além das fronteiras de Israel, desenhando um cenário no qual *todos os povos* e *nações* estão incluídos. Do cântico de Maria se estende um fio vermelho que vai de um movimento salvífico particular — o seu povo, em cujo horizonte ela se movia — para o universal, como expresso por Simeão e para o qual ela, Maria, ainda carecia se mover. Para isso ela vai precisar de tempo. Ela ainda não está pronta para acompanhar o que Deus está fazendo nela e a partir desse menino que ela deu à luz. O tom de exaltação e adoração que ela encontra em Simeão é o mesmo que borbulha dentro dela, mas ela ainda não vê nem discerne o que este já está anunciando. "Aqui pela primeira vez", diz Marshall, "o significado de Jesus para os gentios é revelado aos seus pais, e isso é feito por um estranho."[13] Simeão, esse estranho, já está vendo essa expansão salvífica e a partir dessa revelação está pronto para se despedir da vida; já viu o que sonhava ver. Enquanto isso, Maria, uma jovem mãe, ainda tem muito a ver e a acompanhar nos anos que tem pela frente, seja como mãe, seja como discípula deste menino que está nos braços de Simeão.

Mas tem algo mais que Maria precisa escutar. *Então Simeão os abençoou e disse a Maria, a mãe do bebê: "Este menino está destinado a provocar a queda de muitos em Israel, mas também a ascensão de tantos outros. Foi enviado como sinal de Deus, mas muitos resistirão a ele. Como resultado, serão revelados os pensamentos mais profundos de muitos corações, e você sentirá como se uma espada lhe atravessasse a alma"* (2.34-35).

Isso é sério. Simeão está dizendo que o caminho desse menino não será fácil e usa palavras como *provocar a queda de muitos*, e fala de resistências que encontrará, ao tempo em que promoverá a ascensão de muitos. Maria escuta e consegue sintonizar as palavras de Simeão com as palavras pronunciadas no seu cântico. Dispersar, derrubar e despedir, ela disse então, enquanto Simeão fala em provocar a queda. Ela falou em encher e exaltar, enquanto ele está falando na ascensão de muitos. A diferença é que o Simeão fala isso com os olhos absolutamente focados no menino: é com ele e através dele que isto acontecerá. E isso terá um alto custo, tanto para ele como para ela. Será *como se uma espada lhe atravessasse alma*, diz Simeão. Ela escuta.

[13] Ibid. p. 121.

A palavra de Simeão é de difícil assimilação. Um jeito de fazê-lo é olhar para a vida e ministério de Jesus e ver como ele mesmo a assimilou. Anos depois ele vai dizer: *Eu vim para incendiar a terra, e gostaria que já estivesse em chamas! No entanto, tenho de passar por um batismo e estou angustiado até que ele se realize. Vocês pensam que vim trazer paz à terra? Não! Eu vim causar divisão! De agora em diante, numa mesma casa cinco pessoas estarão divididas: três contra duas e duas contra três* (Lc 12.49-52). À medida que Jesus vai mergulhando em seu ministério ele adquire consciência do custo que este lhe trará.

Quanto a Maria, ela ainda teria um longo caminho a andar e foi aos pés da cruz, conforme o Evangelho de João, que ela vivenciou da forma mais real e doída possível o que significava ter a espada lhe atravessando a alma (Jo 19.25).

É até difícil imaginar como Maria e José saíram do templo naquele dia. Eles haviam passado por uma série de vivências que esticavam o seu mundo para além de toda imaginação. Eles tinham muito a processar e para isto haveria tempo quando voltassem para casa, na sua conhecida Nazaré. É para lá que Lucas os leva e é a partir de lá que o *menino foi crescendo, saudável e forte* (Lc 2.40).

Sobre isso ainda vamos conversar, mas antes queremos dar uma parada para ouvir mais um canto. Melhor, escutar um grande lamento, do qual nos fala o evangelista Mateus (2.16-18).

Chora, Raquel, chora!

Maria canta o cumprimento da promessa de Deus e celebra o nascimento do seu filho. Simeão, uma dessas personagens que desaparece tão rápido como apareceu, canta, no testemunho bíblico, a salvação de Deus chegando às nações. E Raquel? Ela não canta. Ela lamenta. Ela uiva de dor, inconsolável, diante da assustadora morte de seus filhos. O canto da salvação se encontra e se choca com o lamento pela inexplicável morte dos "pequenos".

Assim são os conflitos e as contradições da história e assim os vivemos ontem e hoje. A ação do Deus que resgata e restaura se dá em meio às inconsistências históricas, as incoerências no exercício do poder e as dores que marcam estes tempos nos quais vivemos e que a teologia tem qualificado como o tempo do "já e ainda não" do reino de Deus. Tempos nos quais a espada atravessa a alma de muitos ao mesmo tempo que a presença de Deus é discernida e experienciada como envolvedora e salvadora.

Numa das passagens mais sensíveis e difíceis do Novo Testamento, Mateus alude, num texto exclusivo seu, ao que se tem identificado como a "matança dos inocentes". Neste relato vê-se um furioso e ciumento Herodes, que reinava sobre a Judeia, mandando matar *todos os meninos de dois anos para baixo em Belém e seus arredores* (Mt 2.16). Uma ação despótica de um rei inseguro quanto ao exercício do seu poder. Um rei que tem medo de encontrar num recém-nascido um concorrente ao seu trono e ao constatar que foi enganado pelos sábios do oriente, que não lhe informaram acerca do nascimento de Jesus, desencadeia uma ação que provoca um profundo lamento, aqui registrado como o choro da Raquel. Mateus diz assim: *Quando Herodes se deu conta de que os sábios o haviam enganado, ficou furioso. Enviou soldados para matar todos os meninos de dois anos para baixo em Belém e seus arredores, tomando por base o relato dos sábios acerca da primeira aparição da estrela. Com isso, cumpriu-se o que foi dito por meio do profeta Jeremias: "Ouviu-se um clamor em Ramá, choro e grande lamentação. Raquel chora por seus filhos e se recusa a ser consolada, pois eles já não existem"* (2.16-18).

Esse texto, como que em paradoxo, é antecedido pela narrativa na qual José é advertido por um anjo, em sonho, para que fuja urgentemente de Belém, com sua família, rumo ao Egito, pois *Herodes vai procurar o menino a fim de matá-lo* (2.13).

Dois relatos dramaticamente diferentes e colocados em sequência, sem que se faça qualquer relação entre eles além de apontar para o cumprimento de uma profecia vinda de Jeremias. O silêncio interpretativo de Mateus, porém, não impediu os inúmeros esforços e tentativas de entender como é possível que Herodes emitisse uma ordem dessa natureza. Mas isso nem é tão inexplicável tratando-se de um autocrata tão cruel e despótico como ele. Pois ele, como diz N. T. Wright, "não se importou em matar membros de sua própria família, incluindo sua amada esposa, quando suspeitou que eles estavam tramando contra ele". Esse

Herodes, continua Wright, "nem piscaria diante da proposta de matar muitos bebês, caso um deles fosse considerado um pretendente real".[14]

Uma explicação, porém, nem sempre é uma explicação, quando nos encontramos diante de tantas crianças inocentes, mas mortas. Então abraçamos o lamento da Raquel e, em reverente silêncio, pedimos licença para com ela lamentar. É necessário desesperar, enraivecer e protestar, ainda que os braços dos "Herodes" alcancem tão longe. Na sombra desse lamento surge outra pergunta: como é possível que numa mesma narrativa uma criança seja salva e tantas outras sejam mortas? E novamente ficamos sem explicação. É isso que Deus quer? E sem explicação ficamos diante do que interpretamos como o silêncio de Deus.

Mas sem explicação não significa resignação. Então, num esforço imaginativo, vamos trazer Maria para essa conversa.

Não é propósito deste livro se aprofundar nesse texto de Mateus,[15] mas percebo a necessidade de colocar o lamento de Raquel em sintonia com o cântico de Maria. Enquanto esta celebra o fato de que Deus a escolheu como a humilde serva que será lembrada como a *abençoada* (Lc 1.48), a *mãe do meu Senhor* (1.43), Raquel chora, de forma inconsolável, a morte dos seus filhos. Assim caminha a história e assim a vivenciamos, seja com os Herodes de ontem ou de hoje. Enquanto Maria anuncia a novidade da ação de Deus que aponta para uma realidade onde haverá comida para todos e os humildes terão um lugar na história, Raquel nos diz que os Herodes ainda circulam entre nós e quando eles agem há sangue nas ruas e fome nas casas. Disso a própria Maria nem está tão longe, pois a fuga para o Egito é um outro lamento, o lamento do refugiado. Na sintonia entre Maria e Raquel aprendemos que há lamentos que carecem ser escutados e a eles é necessário se associar, em atitude de solidariedade, em postura de oração e como um gesto profético. Um gesto que denuncia a realidade de injustiça e morte e se articula numa esperança contra toda esperança, encontrando no cântico de Maria o seu tom, a sua entonação e o seu anúncio. Um gesto no qual vamos entendendo o que Jesus afirmou ao dizer que *no mundo vocês terão*

---

[14] N. T. Wright, *Matthew for Everyone, Part 1* (Louisville, KY: WJK Press, 2002/04), p. 17.
[15] Ver Valdir Steuernagel, *Fazendo teologia de olho na criança* (São Paulo: Mundo Cristão, 2023), p. 170-183.

aflição (Jo 16.33), ou o que o autor de 1João articula como *o mundo inteiro está sob o controle do maligno* (1Jo 5.19). Deste mundo não seremos extraídos, mas protegidos do *maligno* (Jo 17.15) sob o manto protetor daquele Jesus que venceu o mundo (16.33).

Isso é muita coisa, mais do que se consegue processar e até aceitar, quando se está diante da fuga de Maria, com seu menino, e do choro de Raquel com o seu colo sem menino. Quando se está diante da Raquel que recém-vivenciou a fúria da espada de Herodes e diante da Maria para quem Herodes é uma sombra que quer matar o seu menino.

Quando canto e choro se encontram

Maria e Raquel nunca se encontraram. Andaram perto uma da outra e andaram longe uma da outra. Encontros e desencontros que acabam sendo tão reais como são os mistérios da vida. Especialmente quando se é pobre. Mulher pobre.

Ambas eram mães e ambas tiveram a alma atravessada por essa espada que *provoca a queda de muitos*. Ambas tiveram filhos nos braços e riram o dom da maternidade após a dureza do parto. Ambas, em tempos diferentes, choraram a morte de seus filhos, o que não deveria acontecer, pois são os filhos que, no desenrolar natural da vida, choram a morte dos pais.

Maria foi uma mulher que se sabia abençoada, ainda que não tenha tido uma vida lá tão fácil. Raquel foi uma mulher que carregou, pela vida, um lamento mais pesado do que a própria vida. Elas, de fato, não se encontraram e nos caminhos da vida se desencontraram. Foram desencontradas por tentáculos que iam muito além de suas vontades e possibilidades, pois ambas eram apenas mulheres e da Raquel se dizia que foi uma pobre mulher, diante de cujo lamento se silencia.

Ambas, sem saber, foram quase vizinhas por um pouco de tempo, sem que se saiba quanto. Maria teve que ir para Belém, onde Raquel morava, por uma dessas ordens que vêm de cima e a gente tem que obedecer. Com aquela barriga pesada, ficava difícil enfrentar o longo caminho entre a pequena Nazaré da Galileia e a distante e também pequena Belém da Judeia. Mas quando os "grandes" mandam não tem jeito e lá foi ela, caminhando devagar ao lado de José, que só faltava carregá-la no colo. Assim é a vida do pobre, sempre a ter longos caminhos diante de si; e se algum jumento os acompanhava, ficamos sem saber. Foi lá, nem bem chegados em Belém, que a hora chegou, a bolsa estourou e o menino nasceu. Jesus foi o nome dele. Deste menino se sabe o nome. Dos filhos da Raquel, nem os nomes sabemos.

A história conta que o nascimento de Jesus foi bem e foi uma festa, gente vindo de vários lugares a dizer que ele era especial. Disso Maria já sabia, pois assim havia sido a sua gravidez, mas cada vez que o ouvia tremia por dentro. O seu filho era *Filho do Altíssimo* e do Altíssimo ela havia ficado grávida. Grávida pelo Espírito, o anjo lhe disse. E o menino nasceu e ela o tinha em seus braços.

Certa madrugada José acordou e pulou da cama. Desperto. De olho arregalado. Chamou Maria e disse que tinham pressa. Precisavam ir embora antes do amanhecer, disse, enquanto juntava umas poucas coisas e dizia para Maria pegar o menino. E lá foram eles. Estavam no caminho de novo, mas agora ela já não estava grávida, mas que diferença havia entre carregar a barriga ou carregar o menino? José ajudava menos. Não tinha dado tempo de arrumar nada direito e ele carregava as coisas meio atrapalhado. Sério, ele olhava para trás, dizia para apressar o passo e só aos poucos Maria foi arrancando dele umas poucas palavras do que estava acontecendo. José sempre falava pouco, mas ela entendeu. Ele havia tido um sonho. Sonho de Deus, no qual o anjo lhe disse para saírem rápido de Belém rumo ao Egito. Mas por que o Egito? Nada. Ele só sacudiu os ombros e apressou o passo.

O Egito era longe. Era desconhecido. Era estranho e o pouco que dele sabia foi pelas histórias do seu povo que por lá havia sido escravo. Mas isso fazia muito tempo. Para lá eles foram, pois José fez o que sempre fazia quando sonhava com anjo falando com ele: obedecia.

Não há detalhes de como foi a viagem e quanto tempo eles ficaram por lá. O pouco que sabemos é aquilo que o anjo disse a José, que aquele louco do rei Herodes viria para matar o menino e Deus estava mandando fugir. Precisava salvar o menino. Mas, se saber disso já foi bastante ruim, ruim mesmo foi o que aconteceu após a fuga deles. Bem ruim. Muito ruim. Tantos meninos mortos. Mortos.

Eles fugiram com o menino e cuidaram dele. Difícil. Afinal, não se faz uma viagem dessas com criança pequena, em plena madrugada e sem preparar as coisas. E não se chega a um lugar desconhecido e carente de perspectiva como se isto fosse um passeio. Foi bastante difícil. Mas o menino estava bem e já ensaiava um sorriso, especialmente depois de ter mamado. Maria tinha o seu menino.

Maria e Raquel nunca se encontraram. Melhor assim. Tem coisas que é melhor nem detalhar. Teria sido muito difícil para Maria contar esta história à Raquel, pois o menino dela escapou, enquanto os da outra...

Pobre Raquel. Não teve jeito. Quando ela acordou o trote dos soldados já estava invadindo ruas e casas de sua pequena Belém e foi uma loucura. Um inferno. Num primeiro momento tanto ela como as vizinhas tiveram dificuldade de entender o que estava acontecendo, mas quando tocam nos filhos as mães percebem rápido e se levantam. "Não toque nos meus filhos!", foi o grito da Raquel e de tantas outras mães ao enfrentarem os soldados que chegavam agarrando os meninos que elas haviam parido nos últimos dois anos. Até parecia que os soldados vinham com instrução: agarrem e matem todos eles, sem que nenhum escape.

Os soldados chegaram, violentaram, executaram as ordens e foram embora deixando atrás de si um rastro de sangue, portas arrebentadas, mães descabeladas e muitos e muitos corpos de crianças assassinadas. Criancinhas de fralda agarradas aos seus bichos de pelúcia e umas ainda com a chupeta na boca. Uma cena inimaginável. Monstruosa. Indescritível. Uma cena digna de um rei despótico e neurótico como Herodes.

Então se ouviu o grito de Raquel. De uma Raquel. De duas. De três. Um grito que atravessou todas as paredes e entrou em tantos corações. Um grito tão agudo como uma espada atravessando a alma. Um grito que atravessou a história e trouxe à memória um outro grito que veio de muito longe. Os gritos de ontem e de então se encontraram, assim como se encontram os gritos de todas aquelas que, desconsoladas, têm o coração arrebentado, a alma drenada e uma dor que nunca as abandona, especialmente quando o dia vai embora e a noite vem e com ela a lembrança dos filhos que se foram. É quando a longa noite chega que o grito da Raquel ressoa mais alto e se torna mais agonizante, em meio ao silêncio das violências que não cansam de violentar. Malditos Herodes!

Ouviu-se um clamor em Ramá,
choro e grande lamentação.
Raquel chora por seus filhos
e se recusa a ser consolada,
pois eles já não existem.
Mateus 2.18

Fui procurar de onde veio esse *clamor em Ramá* e encontrei o velho profeta Jeremias, de onde o evangelista Mateus extrai esse choro da Raquel. Para o profeta esse clamor havia ecoado por ocasião do exílio babilônico por volta de 585 a.C. Ele mesmo foi testemunha das atrocidades e sofrimentos que acompanharam este exílio do povo de Israel e a dor expressa no lamento de Raquel.[16] Ao buscar esse clamor de volta, Mateus nos traz essa Raquel que já chorou todas as lágrimas e ecoa tantas outras que choram com ela e como ela, ao mesmo tempo que desafia a chorarmos juntos o choro da dor e o choro da raiva, pois ambos são choros de cada dia.

Chore, Raquel, chore! Eu choro com você, quero chorar o seu choro, diria Maria. Choro o seu choro e o meu choro, pois a imagem da espada traspassando a minha alma não quer me deixar. Podemos nos encontrar? Podemos chorar juntas, ainda que em tempos diferentes, mas com corações traspassados tão idênticos.

Você sabe, Maria, que seria bom encontrar a Raquel? Seria tão difícil como necessário. Devagar. Em silêncio. Um sorriso leve, mas bem leve, sorriso de acolhimento. Acompanhado de um olhar que fala da dor da alma e de um grande desejo de presença. Presença — é isso. A presença que descortina a mútua humanidade e se deixa engravidar por este Espírito que, mais além da dor, porém sem negá-la, nos leva a experimentar descanso e a vislumbrar horizonte, ainda que tudo pareça tão escuro.

Desculpe a minha intromissão, Maria. Você saberia desenhar esse encontro de um jeito que eu nunca conseguiria. Afinal, quem já viu anjo, quem se entregou para Deus do jeito que você fez, deitou filho em manjedoura e fugiu como refugiada, saberá como escutar o lamento da Raquel e abraçá-la de um jeito que ela não queira deixá-la.

---

[16] Eugene Eung-Chun Park, "Rachel's Cry for Her Children: Matthew's Treatment of the Infanticide by Herod", *The Catholic Biblical Quaterly* 75 (2013), p. 481-482.

Maria, eu preciso concluir esta conversa. Mas deixá-la junto com a Raquel conforta o coração e me enche de um sentimento no qual cântico e lamento têm um lugar digno e necessário. Um lugar diante de Deus.

Os cânticos que nos alimentaram nestas páginas são tão importantes como o é a poesia para a vida, pois dizem coisas que vão além dos verbos que teimamos em conjugar para deles nos assenhorear. Você canta, Maria, e Deus sorri. Simeão canta, com o menino no colo, e Deus meneia, com graça, esse seu rosto de graça. A idosa Ana anuncia a esperança que chegou e Deus afirma o seu Filho, enquanto Raquel urra de dor e uma lágrima desce pela face de Deus. Deus está no centro de cada um desses cânticos, graças a Deus, pois assim a vida ganha o sentido que Deus lhe dá quando a toca. As dores se tornam suportáveis quando ele as acolhe, as injustiças denunciáveis como ele, o Deus da justiça, o faz, e a esperança teima em emergir como a esperança do toque do divino.

Vou adiante, Maria, sabendo que diante de Deus há lugar para o canto e o lamento e ambos são acolhidos por ele com candura e misericórdia. Há lugar para o canto que afirma que Deus não nos esqueceu, que não estamos sozinhos e que continua a insistir numa transformação da realidade que espelhe a sua realidade. Este é o canto da adoração, eu vi, que anuncia o mundo novo no qual Deus exalta os humildes, enche de coisas boas os famintos e promove a ascensão de tantos. Deus é bom.

Há lugar para o lamento que chora as dores impetradas por atos de injustiça, não aceita a morte prematura dos filhos e profetiza o juízo de Deus sobre a loucura daqueles que dispersam, derrubam e despedem vazios os pequenos, os fracos e os indefesos.

Essa é a teologia que brota quando se tem o olho na Maria e essa é a teologia que nasce quando se urra com a Raquel.

A teologia canta e a teologia lamenta

Em 10 de março de 1521 Lutero encaminhou, como havia prometido, uma explicação do *Magnificat* ao príncipe João Frederico, duque da Saxônia. Nesse envio ele se identifica como "vosso obediente capelão Martim Lutero", com o reconhecimento de que está com essa entrega. O que surpreende é ver como Lutero encaminha o seu texto dizendo que "todos os que quiserem governar bem e ser boas autoridades devem aprender bem e guardar na memória aquele cântico", pois não lembra de "nada nas Escrituras que sirva melhor para este caso do que o cântico sagrado da bendita mãe de Deus". Então Lutero lembra ao príncipe o quão importante é dar ouvidos a este cântico, diríamos, até como plano de governo, ainda que não seja "nada de impróprio o costume de cantar este cântico diariamente em todas as igrejas, na oração vespertina, com uma melodia especialmente adequada, diferente de outros hinos.[17]

Diante do *Magnificat*, portanto, olhamos para um texto que ensina a gestar e a viver, a esperar e a adorar. O cântico desenha um mundo novo com o qual se sonha e pelo qual vale viver. Enquanto esperamos cantamos *minha alma exalta ao Senhor*.

A teologia carece aprender a cantar e, cantando, ritmar a intervenção de Deus na história. Afinal, como diz Elizabeth Johnson, Maria não pertence tanto ao mundo da teologia como ao mundo da meditação e da poesia,[18] e da poesia a teologia carece. Vale aprender algumas coisas com esse cântico:

- A teologia tem memória. Ela se sabe filha da promessa e tem nos profetas mães e pais que inspiram e guiam. Em submissão a essa herança e em sintonia com ela a teologia vai se desenhando. Um desenho no qual ela se sabe tocada pelo Espírito para lembrar e para atualizar, para obedecer a qualquer custo como os profetas obedeceram e sempre precisando aprender a dizer com Maria: *Que aconteça comigo*. Não existe teologia sem disponibilização, assim como não existe teologia sem herança, pois aí se transforma em invencionice a serviço de entretenimento.

- A teologia tem olhos que veem e coração que sente, na oração de que os seus olhos e o seu coração tenham o toque de Deus. Os olhos de Deus, nos ensina Maria, encontram os simples e os humildes como ela; e o toque de Deus desconstrói injustiças, mentiras e opressões, como afirma no *Magnificat*. O seu toque afirma o

---

[17] Lutero, *Magnificat*, p. 9-10.
[18] Elizabeth A. Johnson, "The Symbolic Character of Theological Statements about Mary", in *Journal of Ecumenical Studies* 22, primavera de 1985, p. 319.

humilde, sacia o faminto e acolhe o excluído, também como Maria experimenta e ensina no seu canto. A teologia que vê chega perto, pois se sabe chamada pela dor das Raquéis e aprende a balbuciar o lamento que acolhe, protesta e espera por um novo amanhecer. A teologia, portanto, canta e lamenta, lamenta e canta, sempre buscando ser acolhida pelas sombras do Altíssimo, espaço de geração de vida, e imbuída daquela coragem vocacional que ensina a chorar com os que choram na mesma proporção em que se alegra com os que se alegram (Rm 12.15).

- A teologia escuta, espera e adora. O primeiro movimento de Maria, bem no início de tudo, é escutar o anjo que chega e que fala. Ele é o mensageiro de Deus que chama e convoca, a fim de canalizar o cumprimento de suas promessas. Promessas que indicam que ele não esqueceu, nem de suas promessas e nem de seu povo, e também a sua intervenção transformadora na realidade. Uma intervenção que se chama salvação. Maria percebe-se, surpresa, agenciada para ser testemunha dessa ação salvífica de Deus. Seu segundo movimento é a espera. Uma espera ativa que gera nela a percepção de que Deus está fazendo algo novo, o que ela expressa em seu cântico com a linguagem da misericordiosa fidelidade e da transformação. A escuta atenta e a espera ativa produzem nela um cântico de profunda alegria. Assim Maria nos ensina a teologizar; escutando, esperando e adorando.

Maria faz teologia assim. Com senso histórico. Com leitura da realidade. Com percepção da fidelidade ativa de Deus e procurando ser fiel a ele. Joga toda a sua vida nesse projeto de Deus, discernindo a sua ação salvadora sendo semeada no decorrer da história.

Maria faz teologia com gratidão e em ritmo de festa, convidando a unir-nos a ela com graça e com ritmo, neste desejo de dançar a fé. É teologia que se faz com desejo de deixar a rima nascer. É teologia que se transforma em teopoesia. Da teologia não se pode tirar a poesia, pois assim ela se torna mero objeto de análise. Então, ao aplicar-lhe o bisturi da nossa intencionalidade iluminista, nós lhe fazemos perguntas que ela não quer responder e acabamos formulando respostas que refletem a nossa incredulidade, fazendo dela um instrumento à nossa imagem e semelhança. Transformando a teologia no verbo cerebral tão conjugado pelo homem branco, ela acabou ficando pesada e enfadonha. Expressa em longas frases e articulada em rebuscada linguagem filosófica ela perdeu rima, encanto e encarnação. Essa teologia Maria não reconhece e nós deveríamos passar a desconhecer.

Então, os evangelistas Lucas e Mateus nos dizem que José, Maria e o menino vão e se instalam em Nazaré para tocar a vida assim como ela é — simples, humilde e cotidiana. Assim nasce a teologia de Nazaré: simples, humilde e cotidiana. A teologia que dá conta da vida e a vida que ensina como fazer teologia: ouvindo a Deus, sendo sensíveis ao nosso entorno e alimentando uma postura de vida que espera e ora pela demonstração da misericórdia de Deus, geração após geração, até que ele venha. É preciso encontrar e querer encontrar o caminho para Nazaré.

A REVIRAVOLTA DE TODAS AS COISAS

Dietrich Bonhoeffer

Estamos falando do nascimento de uma criança,
não do ato revolucionário de um homem forte,
não da surpreendente descoberta de um sábio,
não do ato piedoso de um santo.

Realmente ultrapassa todo o entendimento:
o nascimento de uma criança é a grande reviravolta de
todas as coisas,
é a salvação e redenção para toda a raça humana.

Aquilo pelo que reis e estadistas, filósofos e artistas,
fundadores de religiões e professores de moral em
vão se esforçam,
agora se torna realidade através de uma criança recém-nascida.

Extrato de sermão sobre Isaías 9.6-7,
in *The Mystery of Holy Night*, ed. Manfred Weber
(Nova York: Crossroad Book, 1996), p. 27.

6

MARIA, A MÃE

Naqueles dias, o imperador Augusto decretou um recenseamento em todo o império romano. (Esse foi o primeiro recenseamento realizado quando Quirino era governador da Síria.) Todos voltaram à cidade de origem para se registrar. Por ser descendente do rei Davi, José viajou da cidade de Nazaré da Galileia para Belém, na Judeia, terra natal de Davi, levando consigo Maria, sua noiva, que estava grávida.

E, estando eles ali, chegou a hora de nascer o bebê. Ela deu à luz seu primeiro filho, um menino. Envolveu-o em faixas de pano e deitou-o numa manjedoura, porque não havia lugar para eles na hospedaria.

Lucas 2.1-7

Foi parto normal

Jesus nasceu de parto normal e foi tudo bem, um bebê saudável. Um dos pioneiros entre os pais apostólicos, Inácio da Antioquia (c. 35–107 d.C.), fez questão de afirmar a naturalidade do nascimento de Jesus, dizendo que Jesus de fato nasceu, de fato viveu e, de fato, morreu.[1] Endossar esse nascimento de forma tão natural foi importante para o processo de afirmação da identidade tanto humana como divina de Jesus, o que veio a ser identificado como uma "união hipostática".[2] Ele, afinal, era o

---

[1] Citado por Timothy George, "Evangelicals and the Mother of God", First Things, fevereiro de 2007, <https://www.firstthings.com/article/2007/02/evangelicals-and-the-mother-of-god>.

[2] O Concílio de Calcedônia (451 d.C.), anos mais tarde, se expressou assim: "Seguindo então, aos Santos Padres, unanimemente ensinamos a confessar um só e mesmo Filho: nosso senhor Jesus Cristo, perfeito em sua divindade e perfeito em sua humanidade,

Filho de Deus e o filho de Maria, e José foi seu pai adotivo. Mas a afirmação da humanidade de Jesus era também polêmica, levando Marcião (c. 85–160 d.C.) a dizer: "Sumam com essa humilde manjedoura e estes panos sujos", em alusão aos panos que enfaixaram o recém-nascido e em forte negação de que Jesus, o Filho de Deus, pudesse ter nascido de forma tão humana.[3]

Nove meses se passaram e aquilo que o anjo anunciou a Maria, aquilo que Isabel discerniu ao recebê-la em sua casa, se cumpriu. Se cumpriu como promessa e se cumpriu como um processo natural de fim de gravidez: Jesus nasceu e foi Maria quem o pariu e quem o amamentou no seu próprio seio. Foi ela, como diz Pelikan, "que deu à luz aquele que é Deus",[4] de uma forma tal que Barth o qualificou como "o milagre da entrada", ou seria "da chegada",[5] aludindo não apenas à forma como esse nascimento aconteceu, mas à forma como Jesus foi gerado.

Lucas e Mateus relatam o nascimento de Jesus sob diferentes perspectivas, sem conversar entre si para sincronizar o que iriam abordar. Cada um trabalha com suas respectivas fontes e tem os seus objetivos e o seu público no que se refere à construção de suas narrativas. Já falamos disso anteriormente, mas é bom destacar novamente que Lucas tem uma abordagem positiva de Maria, enquanto Mateus está mais focado em José. Lucas dá foco a um evangelho que se movimenta num marco missional e quer olhar para além das fronteiras etnogeográficas, enquanto Mateus tem no público judeu a sua audiência prioritária, daí a sua ênfase, por exemplo, no cumprimento das promessas do Antigo Testamento, embora tenha também a marca do envio para além-fronteiras, como visto no final do seu Evangelho.

---

verdadeiro Deus e verdadeiro homem (composto) de alma racional e de corpo, consubstancial ao Pai pela divindade, e consubstancial a nós pela humanidade, similar em tudo a nós, exceto no pecado". Ver "O Concílio de Calcedônia", Ecclesia, <https://www.ecclesia.org.br/biblioteca/documentos_da_igreja/concilio_de_calcedonia.htm>.

[3] Marcião foi um teólogo do século 2 e foi declarado herético pela comunidade cristã de Roma por volta de 144 d.C. Ver "Marcion", in *The International Dictionary of the Christian Church*, J. D. Douglas, ed. (Grand Rapids, MI: Zondervan 1978), p. 629.

[4] Citado por Timothy George, "The Blessed Evangelical Mary", *Christianity Today*, 1º de dezembro de 2003, <https://www.christianitytoday.com/ct/2003/december/1.34.html>.

[5] A expressão, em inglês, é "The miracle of entrance" e foi citada por George, "Evangelicals and the Mother of God".

Ao colocar o material de Lucas e Mateus lado a lado percebe-se que eles têm pontos em comum, ao mesmo tempo que caminham por diferentes vertentes. Muitos estudiosos da Bíblia já se debruçaram sobre esses pontos comuns e não comuns. Aqui se pretende destacar o quão breves e rápidos eles foram ao relatar o nascimento de Jesus e que outros personagens e referências eles trouxeram para dentro do cenário desse nascimento.

Mateus não precisa de mais que duas linhas para falar desse nascimento. Na primeira ele diz: *Foi assim que nasceu Jesus Cristo. Maria, sua mãe, estava prometida para se casar com José* (1.18), e logo passa a falar do sonho de José para que assumisse Maria como sua esposa. Na segunda linha ele diz que *Jesus nasceu em Belém, na Judéia, durante o reinado de Herodes* (2.1).

Lucas é um pouco mais extenso e coloca José e Maria no caminho de Nazaré a Belém, num trajeto que deve ter levado pelo menos quatro dias devido à distância aproximada de 145 quilômetros, sem considerar o estado de gravidez de Maria. Provendo um pouco mais de detalhes históricos que cercaram esse nascimento, ele se refere ao imperador romano e ao recenseamento que convocou, forçando a ida de José para Belém, identificada como a cidade de Davi. Por ser ele descendente de Davi, era lá que deveria ser recenseado. Lucas cita dados difíceis de demarcar historicamente, pois não existe nenhuma referência a este recenseamento específico. Lucas diz também que isso aconteceu *quando Quirino era governador da Síria*, o que se deu apenas no ano 6 d.C., o que tornaria impossível que o nascimento de Jesus tenha ocorrido enquanto Herodes reinava na Judéia, pois este faleceu no ano 4 d.C. E se esse recenseamento visava, como se pressupõe, a cobrança de impostos, por que José teria de ir a Belém, se suas atividades eram baseadas em Nazaré? Ao final de exaustiva análise quanto a essas perguntas, Marshall diz que "nenhuma solução é isenta de dificuldades e o problema dificilmente poderá ser solucionado sem a descoberta de nova evidência".[6]

[6] I. Howard Marshall, *The Gospel of Luke: A Commentary on the Greek Text* (Grand Rapids, MI: Eerdmans, 1978), p. 104.

O primeiro berço foi uma manjedoura

Ainda que diga um pouco mais do que Mateus, no que se refere às circunstâncias do nascimento de Jesus, não deixa de ser significativa a simplicidade da narrativa de Lucas em contraste, como diz Norval, com o estupendo significado dessa ocorrência: Jesus, o prometido, nasceu.[7] A hora do parto chegou e eles estavam em Belém. E, por não encontrarem lugar adequado para hospedar-se, o nascimento ocorreu em circunstâncias pouco favoráveis e o recém-nascido teve como primeiro berço uma manjedoura. Esse cenário tem sido descrito exaustiva e criativamente no decorrer da história cristã, colocando animais em volta da manjedoura (ainda que Lucas não o faça) e dizendo que o nascimento de Jesus ocorreu numa estrebaria, quando esta palavra não aparece em nenhum lugar nos Evangelhos. Segundo Kenneth E. Bailey, no seu livro intitulado *Jesus pela ótica do Oriente Médio*, o nascimento de Jesus aconteceu num contexto de simplicidade e humildade, mas com suficiente hospedagem. Bailey diz que "o membro da linhagem de Davi não foi humilhado com rejeição quando voltou à aldeia natal de sua família", com o povo de Belém oferecendo "o melhor que tinha" e assim preservando a honra da comunidade. Isto significa dizer que José e Maria foram recebidos numa família onde, como "o quarto de hóspedes já estava ocupado por outros convidados", a família anfitriã os instalou "no cômodo da família da casa". Nesse cômodo, Bailey continua, a família cozinhava, comia, dormia e vivia. A esse cômodo se anexava um pequeno estábulo no qual os animais passavam a noite, pois "o camponês *quer* os animais na casa todas as noites porque eles fornecem calor no inverno e ficam protegidos de roubo". Na extremidade do encontro entre o cômodo e o estábulo era escavada uma manjedoura na qual os animais podiam se alimentar durante a noite.[8] Foi numa manjedoura assim, portanto, que Maria *deitou*, devidamente enfaixado, o seu *primeiro filho* (2.7).

---

[7] Norval Geldenhuys, *Commentary on the Gospel of Luke* (Grand Rapids, MI: Eerdmans, 1979), p. 99.
[8] Kenneth E. Bailey, *Jesus pela ótica do Oriente Médio* (São Paulo: Vida Nova, 2016), p. 31-38. Há certamente outras leituras quanto à configuração do local do nascimento de Jesus. Similar a Bailey é a interpretação de Daniel Del Gaudio, *Maria de Nazaré: Breve tratado de Mariologia* (São Paulo: Paulus, 2016), p. 73-74.

O lugar onde Maria deu à luz o seu primogênito, como afirma Bailey, era simples e humilde, mas não abandonado e nem rejeitado.[9] É neste lugar que os pastores encontram o recém-nascido, com sua família, e com este cenário se identificam, pois também eles são simples e humildes. Mas antes de apontar para este encontro entre o recém-nascido e os pastores, destaco o significado da configuração deste nascimento.

No já mencionado sermão de Advento, Bonhoeffer faz uma relação entre o *Magnificat* e a manjedoura. É nesta que se concretiza o que Maria anunciou em seu cântico. É na manjedoura que encontramos o trono de Deus, ao redor do qual se encontram, não os "cortesãos lisonjeiros", mas apenas algumas pessoas desconhecidas e de pobre aparência. Estas, no entanto, "não se cansam de olhar para esse milagre e estão preparadas para viver inteiramente da misericórdia de Deus". Desse trono, ele continua, "ninguém que detém o poder ousa se aproximar", como aconteceu com Herodes. Então ele expressa a aguda sintonia entre aquele cântico e essa manjedoura: "Aqui os tronos começam a balançar, os poderosos caem e aqueles que estão lá em cima são abatidos, porque Deus está aqui com os humildes. Aqui os ricos não dão em nada, porque Deus está com os pobres e com os que têm fome. Deus dá bastante comida aos famintos, mas manda embora vazios os ricos e satisfeitos. Diante da serva Maria, diante da manjedoura de Cristo, diante de Deus entre os humildes, os fortes caem; aqui eles não têm direitos, nem esperança, mas em vez disso encontram julgamento". E então ele vaticina: "Foi assim que Jesus Cristo veio ao mundo como o menino na manjedoura, como o filho de Maria".[10]

Eles foram chegando: vieram os *pastores do campo* e depois os *sábios*...

Enquanto o cenário do nascimento de Jesus é rápido e simples, os acontecimentos que o cercam são narrados com detalhes e de forma

---

[9] Isso significa que quando Lucas diz que *não havia lugar para eles na hospedaria* (2.7), a referência era ao fato de não haver quarto de hóspedes para eles e, assim, serem hospedados no quarto da família.

[10] Dietrich Bonhoeffer, "My Spirit Rejoices", sermão de Advento proferido na Igreja da Trindade, Berlim, 17 de dezembro de 1933, <https://www.sermoncentral.com/sermons/my-spirit-rejoices-dietrich-bonhoeffer-sermon-on-christmas-168651>.

estonteante. São anjos que cantam e estrelas que brilham apontando para esse menino. São pastores de ovelhas que não resistiram e, correndo o risco de abandono de trabalho, vieram ver com os próprios olhos aquilo que os céus lhes haviam anunciado, num cenário de glória nunca visto: *o brilho da glória do Senhor os cercou*. Então se proclamou: *Hoje em Belém, a cidade de Davi, nasceu o Salvador, que é Cristo, o Senhor* (Lc 2.9-11). Ao saírem desse encontro, no qual viram com seus próprios olhos o *bebê deitado na manjedoura*, também eles ensaiaram o seu "canto dos pastores". A melodia foi diferente, mas a tonalidade é a mesma dos outros cantos: *Os pastores voltaram glorificando e louvando a Deus por tudo que tinham visto e ouvido* (2.20). Enquanto isso Maria guardava tudo no seu coração.

E chegaram *alguns sábios das terras do Oriente* (Mt 2.1), mas disso quem fala é o Evangelho de Mateus. Eles contaram uma história bem diferente, já sem manjedoura, porém muito igual: eles buscavam o mesmo menino. E, ao vê-lo *com Maria, sua mãe, se prostraram e o adoraram* (2.11).

A vinda desses sábios foi toda uma aventura, na qual não faltam uma surpreendente estrela orientadora e um sonho redirecionando a sua volta, depois de terem encontrado não apenas "o menino", mas também um Herodes a quem deixaram perplexo e irado. E teve ainda uns *sacerdotes e mestres da lei* (2.2-4) que, mesmo não indo até lá, acabaram ajudando-os a encontrar o que procuravam.

Adorar o menino Jesus seria o ápice de uma longa caminhada, para cuja volta já estavam prontos, depois que marcassem o encontro com significativos presentes. Um encontro que simbolizava não pouca coisa. Esses sábios eram dignatários que haviam tido audiência com o rei, em Jerusalém, e o haviam mobilizado em busca de resposta para a intrigante pergunta deles: *Onde está o recém-nascido rei dos judeus?* (2.2). O encontro com o rei Herodes era meramente instrumental, o que lhe foi insuportável, pois o verdadeiro rei eles encontrariam no menino Jesus, numa simples casa em Belém. Assim, nos diz France, em seu comentário sobre Mateus, "a inversão dos valores do mundo" estava se evidenciando nessa intervenção de Deus na história, o que se tornará, futuramente, uma "marca tão proeminente na proclamação do reino dos céus, por parte do Messias".[11]

---

[11] R. T. France, *The Gospel of Matthew* (Grand Rapids, MI: Eerdmans, 2007), p. 207.

A chegada em Belém, o parto em circunstâncias difíceis, a experiência do nascimento desse menino prometido de uma forma tão particular, a chegada desses estranhos pastores e sábios, com suas surpreendentes histórias, foi tudo muito intenso e muito forte para Maria. Diante desta avalanche de experiências e sentimentos, Lucas diz que Maria *guardava todas essas coisas no coração e refletia sobre elas* (2.19).

Guardar no coração é uma expressão que se tornou clássica na escola da espiritualidade e Maria se tornou um modelo para gerações que se renovam. Como exatamente Maria o fazia é sempre um mistério, como misteriosas são as coisas do coração. Então me percebi pensando: E se Maria escrevesse um diário? E me pego imaginando como teria sido...

O diário da mãe Maria

"Naquele final de dia, quando chegamos em Belém, eu estava muito cansada. A gravidez pesava e vim carregando este barrigão desde lá. Desde Nazaré. Os dias foram longos e foram vários dias. Cansativos, já disse. Chegando em Belém eu só queria dormir. Dormir muito. Dormir longas horas, o que acabou nem dando certo. É que dormir muito em meu estado não dá certo mesmo. Nem para dormir umas poucas horas encontro posição. E depois, tivemos dificuldade de achar um lugar que pudesse acolher a gente. Até fiquei com pena do José quando me disse que estava bem difícil encontrar lugar, e assim fomos dar na casa de um antigo parente seu e eu acabei encontrando um cantinho onde me deitei e descansei. Como foi bom descansar um pouco! Descansar e meditar. Trazer à memória coisas que me traziam esperança, como disse um dos nossos antigos profetas. Lembrei então, antes de cochilar, do que o anjo me tinha dito, que encontrei favor diante de Deus. É verdade, o meu ventre grávido que o diga. Adormeci assim, acariciando este meu ventre-testemunha."

Ops! Desculpe a interrupção, mas eu ainda queria dizer algo sobre esse "diário de Belém", que Maria decidiu escrever. Ela queria registrar um pouco das experiências desses dias, mesmo não sabendo quanto tempo ficaria naquela localidade. Esse seria um registro para si mesma, uma ajuda para refletir e para orar. Mas ela queria também guardar esses seus rabiscos para compartilhá-los com o filho, quando crescesse. Achar um canto e tempo para escrever não seria fácil, pois estava em casa de outros e sempre havia gente ao seu redor, mas ela iria tentar. O que ela iria descobrir também é que mãe de primeira viagem dificilmente encontra tempo para essas coisas. E tinha o José. Ele não gostava muito de vê-la reclusa rabiscando algumas linhas e não foi uma nem duas vezes que ele disse, daquele jeito sério: "Escrever é caro, Maria, e a gente é pobre e tem muita coisa para fazer". Ao final, ela decidiu escrever umas poucas notas. Notas que ajudariam a lembrar das coisas que havia guardado no coração. Lembrar para contar. Lembrar para adorar.

A hora do parto chegou!

"Eu sentia que a hora estava chegando, embora fosse a minha primeira experiência com parto. Eu tinha medo, essa é a verdade. E me sentia sozinha, isso também é verdade. Eu me agarrava dia e noite ao que o anjo me tinha dito: eu daria à luz um menino. Vai dar tudo certo, eu repetia, tem garantia de anjo. Eu me agarrava também no que havia aprendido com a grávida Isabel e sua experiência ajudando outras mulheres em seus partos. E eu sempre tinha o José, mas falar com ele dessas coisas de mulher deixava ele nervoso e eu evitava. Mas então eu acordei molhada, com a bolsa vazando. Acordei com uma contração que parecia ter muita pressa de expelir o bebê. Eu nem consegui disfarçar um gemido e a mulher da casa que nos hospedava deu um pulo, veio me ver, botou água no fogo, mandou chamar a vizinha e botou os homens e as crianças para fora do cômodo. O dia já estava amanhecendo e os primeiros lampejos de claridade facilitaram o trabalho dessas duas mulheres que foram mandando em mim à medida que a criança nascia e eu as espiava enquanto acolhiam cuidadosamente esse menino que já nascia com nome e com vocação, ainda que elas não o soubessem. Até que foi rápido, elas disseram, colocando o menino no meu peito. Então eu respirei. Então eu chorei. Então eu acolhi o menino e sussurrei ao seu ouvido: *Minha alma exalta ao Senhor! Como meu espírito se alegra em Deus, meu Salvador!* Eu estava muito cansada e foi com um fiapo de voz que pedi pelo José, pois este menino tinha pai."

Foi numa manjedoura!

"Outro dia eu escrevi as coisas do parto de memória, mas memória de mãe em parto é boa. Lembro também que nem foi tão difícil amamentar o menino pela primeira vez. As mulheres me ajudaram e me disseram que eu era boa de leite. Eu nem tinha trazido muita coisa comigo para a criança. A gente é pobre e tinha vindo de longe e com pouca bagagem. Mas alguma coisinha eu tinha preparado e trazido. Fiz questão de usar tudo no recém-nascido, ainda que o lugar onde o coloquei não fosse o mais adequado. Foi numa manjedoura. Quem mais ficou constrangido com isso foi José, pois nem havia conseguido preparar um bercinho para o menino, carpinteiro que era. Mas caprichou bem e deixou a manjedoura bem limpinha e sem animais por perto. A gente fez o melhor que pôde, mas sabia que a situação estava difícil. Tínhamos tão pouco, as pessoas ajudaram e o menino dormia. Dormia o sono da suficiência. E até parecia uma criança de todos, pois sempre tinha gente ao redor dela e gente bem diferente. Mas disso eu falo outro dia. Agora estou cansada e preciso dormir um pouco antes que meu filho acorde para mamar de novo. E olha que ele tem fome e mama com gosto. Começou bem, mas agora já estou gemendo com o seio inflamando."

E essas visitas?

"Voltei. É que preciso anotar algo, bem rápido. Recebemos visita. Inesperada. Desconhecida e barulhenta. Chegaram alvoroçados, gesticulando e falando tão alto que acordaram o menino. Não gostei. Mas chegando perto da manjedoura foram se aquietando. Parecia estarem diante de um 'susto divino', se é que isso existe. Fiquei comovida e me lembrei da visita do anjo, faz nove meses. Aquela foi uma visita sublime com uma mensagem novidadeira e à medida que esses recém-chegados falavam eu fui percebendo que estávamos vivenciando as mesmas coisas. Acabei nem dizendo que eram homens os que nos visitavam. Cuidavam de ovelhas nos campos da vizinhança. Eram pessoas simples e humildes. Começaram a falar sem parar e seus olhos brilhavam. Tinha hora que falavam todos ao mesmo tempo e eu não entendia nada, e tinha um que salivava muito e nem percebia. Era a saliva da emoção. Falaram de anjos que lhes anunciaram o nascimento deste menino. Falaram que os céus estavam celebrando a sua vinda e que seria o Salvador, que é Cristo, o Senhor. Falaram de um coro que havia cantado o que eles nunca haviam escutado. Disso se lembravam e o repetiram várias vezes: *Glória a Deus nos mais altos céus, e paz na terra àqueles de que Deus se agrada*. Lindo. Nem ficaram muito tempo, pois haviam deixado as ovelhas sozinhas, o que era muito arriscado. Rápido e barulhentos como chegaram, foram embora, mas eu precisei de muito tempo para acalmar o meu coração e por horas fiquei repetindo o canto dos anjos. Meu coração o havia aprendido e apreendido. Enquanto voltava a amamentar eu cantarolava *Glória a Deus nos mais altos céus*. Eu estava muito feliz. Ainda quero rabiscar umas anotações quanto a outra visita, mas isso vai ter de ficar para outro dia."

Chegou mais visita!

"Faz dias que não escrevo, pois estou ruim de tempo. Aquele dia dos pastores foi assustador e foi divino. Estou até hoje com as coisas guardadas dentro de mim. Foi um presente de Deus. Não consigo não chorar quando lembro. Desde aquele dia já se passou algum tempo e agora estamos acomodados numa casinha ao lado; o bebê não precisa mais dormir numa manjedoura.

"Ontem recebemos outra visita. Quando me dei conta havia uns homens estranhos tentando dizer que chegaram. Eu nunca tinha visto aquilo. O jeito deles. A roupa. A bagagem. Suas palavras e seu sotaque. Vieram quietos e eram vários. Uns três, creio. Me deu um frio na barriga. Estranho. Foram entrando sem muito esperar. Parecia que tinham sido guiados. Sabiam aonde queriam chegar e a quem encontrar e quando me viram com o menino foi uma cena. Não diria que foi 'susto divino', como no caso dos pastores. Foi 'silêncio divino'. Aquele silêncio que chega quando se encontra o que se buscou por muito tempo e para o que se veio de muito longe. Eles vieram com menos barulho, mas com muita história, e eu me sentia mais preparada para escutar, sem estar segura de que os entendia. Até lhes preparei algo para beber, ainda que estivessem muito mais interessados no menino para quem olhavam, olhavam e olhavam. Aliás, a quem adoraram, adoraram e adoraram. Foi para isso que vieram, pelo que entendi, e ao vê-los prostrados diante do menino, que eu tinha comigo, pareciam não conseguir conter as lágrimas. As deles eu não vi, mas as minhas eu senti. Eles as viram e sorriram. Isso, sim, que era uma cena de Deus e me dei conta, mais uma vez, de que esse menino era muito especial.

"Eles também acabaram falando e ficaram por um bom tempo. Nem precisávamos de muitas palavras para nos entender. Vieram de longe, guiados por uma estrela que acabou trazendo-os até aqui. Até este exato lugar. Buscaram orientação em Jerusalém, mas encontraram o que queriam na minha casa. Não era muito fácil acreditar no que estavam contando, e eu procurando entender, mas depois do que eu mesma vivi eu sabia muito bem do que eles falavam e, de repente, me vi pensando que, sendo ele o meu Senhor, também eu precisaria achar o caminho para me prostrar diante deste menino e adorá-lo, pois é ele que veio para salvar o *seu povo dos seus pecados* (Mt 1.21). Eu precisava meditar bem nessas coisas, mas naquela hora nem dava, pois já tinha outra coisa acontecendo. Antes de irem embora esses sábios, creio que foi esta a palavra usada, foram abrindo uns presentes que eu também nunca havia visto e vou levar tempo para entender o que significam e o que fazer com eles. Então eles deram um jeito de me fazer entender que precisavam ir e que tinham recebido orientação de Deus quanto à direção que deveriam seguir. Não sei se entendi bem, mas o meu coração pesou. Quando foram embora eu fui amamentar o menino e no silêncio dessa conversa entre mãe e filho fui recordada pelo Espírito de que *seu braço poderoso fez coisas tremendas* e isso teria consequências importantes e difíceis. Coisas além da minha cabeça, mas não do meu coração. José passou por mim rápido, dizendo que já estava atrasado para um trabalho que tinha arranjado. Estamos nos tornando uma família. Deus é bom."

Vamos ter de partir. Eu sinto!

"Não sei por que, mas ando inquieta. Dizem que é coisa de mulher, mas creio que é coisa de Deus. Já estamos um tempinho aqui em

Belém e as coisas ganharam algum jeito. José achou um bercinho e o renovou para o pequeno, o que me deixou feliz. Ele encontrou uns bicos de carpinteiro e com isso ganhou um dinheirinho para a gente se sustentar. Até parei de escrever. Mas hoje voltei. Estou inquieta. Parece que está chegando a hora de a gente ir embora. Tem coisa no ar. Eu sinto. Eu sei. As coisas que aconteceram comigo continuam a não caber dentro de mim e estou sempre pensando nelas e nesse menino. A conversa daqueles visitantes não sai da minha cabeça, ainda que não tenha conseguido entender tudo que disseram: anjos, corais celestiais, estrela, Herodes, sacerdotes, profecia. É muita coisa para juntar. Mas quando eles procuraram me dizer, ao partir, que haviam recebido novas orientações para que voltassem por um caminho que desviasse de qualquer encontro com Herodes, o meu coração tremeu. Aí tem coisa. Preciso meditar e orar, pois então penso melhor e o coração se aquieta."

E assim acabou este curto diário da mãe Maria. Ela teve de abandoná-lo. Na madrugada ela foi despertada por José. Ela acabara de pegar no sono, depois de amamentar o menino, mas quando olhou para o marido viu que a coisa era séria. Ele já estava de pé e parecia nem falar coisa com coisa de tão nervoso. Mas ela entendeu o suficiente: eles precisavam fugir, pois a vida do menino corria perigo. E esse perigo não vinha de ninguém menos que o temido Herodes. Ambos se entreolharam e perceberam que estavam com medo, pois desse Herodes se dizia tanta coisa ruim que mais coisa ruim podia acontecer. Rápido, ela ajeitou umas poucas coisas e pegou o filho, enquanto José já estava de saída.

E lá se foram eles, pé na estrada, de novo, para se tornarem refugiados políticos no Egito. Eles haviam chegado a Belém de um jeito difícil e saíam assustados. Mas apesar do susto, e por estranho que pareça, havia um leve sorriso nos lábios de Maria, perceptível apenas por quem a conhecia. Quando ela passou o menino para José o carregar, ela sorriu porque pensou: "Noossaa! Esse José realmente assumiu essa criança! O menino vai ter um bom pai. Deus é bom."

Rumo a Nazaré

Após o tempo em Belém, os dois evangelistas nos levam em diferentes direções, como já vimos acontecer antes. Também já nos acostumamos a não saber exatamente como e quando tudo aconteceu, pois estamos diante de diferentes narrativas de transição que nos levam do nascimento ao ministério público de Jesus, já adulto.

Para Lucas, o tempo de saída de Belém está pautado. Primeiro ele registra a circuncisão do menino, como vimos anteriormente, que acontece no oitavo dia após o seu nascimento. Nessa ocasião o seu nome é afirmado, conforme já havia sido indicado tanto para Maria (Lc 1.31) como para José: *Você lhe dará o nome de Jesus, pois ele salvará seu povo dos seus pecados* (Mt 1.21). Logo após vemos a família se deslocando rumo ao templo em Jerusalém, onde acabam encontrando tanto a Ana como o profeta Simeão.

Ao apreciar esse movimento da família de Jesus percebemos o quanto ele aponta para o cumprimento das "esperanças do Israel piedoso" no que se refere à redenção do povo de Deus, como se evidencia pela presença e palavras dos profetas Simeão e Ana.[12] Ainda que nem tudo o que estava acontecendo com José e Maria estivesse claro para eles, e muitas surpresas ainda viessem, eles faziam parte desse povo que acreditava que Deus não os havia abandonado e que se estava cumprindo o que ele havia prometido.

É nessa vertente que eles educarão a criança. Ou seja, a mesma Maria que deu à luz e amamentou esse menino é aquela que o alimentaria e o educaria nos caminhos da sua piedosa tradição.

Lucas encerra os relatos do nascimento e da tenra infância de Jesus com uma curta transição que leva a família de volta a Nazaré, onde tudo havia começado: *Após cumprirem todas as exigências da lei do Senhor, os pais de Jesus voltaram para casa em Nazaré, na Galileia. Ali o menino foi crescendo, saudável e forte. Era cheio de sabedoria, e o favor de Deus estava sobre ele* (Lc 2.39-40).

No Evangelho de Mateus o destino é o mesmo, ainda que por caminhos diferentes, O cumprimento da promessa também está presente e no seu estilo ele diz que *A família foi morar numa cidade chamada Nazaré,*

---

[12] Marshall, *The Gospel of Luke*, p. 114.

cumprindo-se, desse modo, o que os profetas haviam dito, que Jesus seria chamado nazareno (Mt 2.23).[13]

Para Mateus, no entanto, a saída da família de Belém fora dramática, como vimos. Enquanto Lucas nos apresenta um caminho ritualístico, em sintonia com a tradição religiosa e cultural com a qual José e Maria se identificavam, Mateus fala de uma saída abrupta de Belém e de uma volta cuidadosa, a Israel, sempre orientados por anjos que cuidam da proteção do menino Jesus. O menino precisa sobreviver, nem que para isso anjos sejam mobilizados e sonos sejam invadidos, o que acontece tanto na fuga para o Egito como na volta para Israel. O menino precisa sobreviver, pois *salvará seu povo dos seus pecados* (1.21), e era necessário resguardar as condições para que ele pudesse crescer tão normalmente como tinha nascido. Deus mesmo iria garantir essa sobrevivência, em confronto com a sanguinária autoridade de Herodes, que não suportava nenhuma sombra ao seu poder e estava disposto a eliminar a ameaça, ainda que fosse apenas uma criança. Mas diante da ação de Deus ele se frustra, criando um cenário de morte e destruição digno de um déspota inseguro.

O que Mateus nos diz é que a família de Jesus precisa passar um tempo no Egito, sem que se saiba quanto, e depois é orientada a voltar para sua terra, acabando por se instalar em Nazaré. É lá, pois, que o menino irá crescer longe do alcance de Herodes, já falecido, bem como de seu filho Arquelau, governador da Judeia, à qual Belém pertencia, e sem chamar atenção de outro filho de Herodes, o Antipas, a quem Jesus não deixaria de incomodar em anos futuros, qualificando-o como uma raposa diante da qual não iria se amedrontar (Lc 13.31-32).

Chegaram. De volta a Nazaré eles trazem consigo o menino e agora se apresentam à comunidade como seu pai e sua mãe. São família e nem deve demorar para Maria voltar a engravidar. Eles trazem consigo a rica, misteriosa e desgastante experiência da viagem e seus transtornos; do nascimento de Jesus e de suas circunstâncias e de um caminho de volta

---

[13] Essa é, de fato, a primeira vez que Mateus usa a palavra Nazaré, sem que houvesse qualquer referência anterior ao fato de que tanto José como Maria tivessem origem por lá ou tivessem vindo de lá rumo a Belém, para o nascimento de Jesus.

marcado pelo risco, pelo medo e por um anúncio profético do qual o velho Simeão foi o mais específico e mais alvissareiro.

Agora, um novo capítulo começa. Eles terão de se instalar, José precisará retomar o seu trabalho e sustentar a família, os vínculos comunitários deverão ser reestabelecidos e a sinagoga, lugar de culto e ensino de vida, precisa voltar a ocupar lugar central na vida deles.

A teologia de olho na estrebaria

Quando enfim descansou um pouco e olhou para o menino Maria se deu conta de que nunca havia imaginado isso: o seu primogênito, anunciado por anjos e afirmado por Deus, tinha como o seu primeiro berço uma manjedoura! Inimaginável.

Mas o que ela também não havia imaginado é como a cena do menino na manjedoura iria se tornar icônica. A cena iria correr mundo e ser cantada, pintada e interpretada sempre novamente e a cada ano, por ocasião do Advento e em preparação para o Natal. A cena receberia muitíssimas personagens, cores e interpretações. Tantas quantas pequenas ou grandes comunidades de fé o imaginariam e descreveriam, em diferentes lugares e contextos.

E o que ela também não havia imaginado é o quanto esta cena seria romantizada e desfigurada, ao ponto de tornar irreconhecível o seu significado e simbolismo impressos pelo próprio Deus na cena da manjedoura. Um desfiguramento no qual se perde a mensagem de que Deus se estava encarnando ao ponto de nascer como todos os humanos e fazendo-o a partir de uma manjedoura, um comedouro de animais. A partir de uma radical identificação com os simples e os humildes, como a própria Maria havia anunciado.

É tarefa da teologia estar continuamente atenta para a continuidade e manutenção dessa intencionalidade original, e é tarefa da teologia se arrepender sempre que venha a fazer parte da reconfiguração da manjedoura para a indústria do entretenimento e para alimentação de uma capa religiosa que sustenta ritos e tradições, em zonas de conforto culturais, provendo sustentabilidade para um status quo no qual já não se permite aos *braços poderosos* de Deus operar de forma transformadora, para a paz e a justiça, na nossa sociedade.

À medida que a teologia ocupa um lugar ao lado de Maria, canta *glória a Deus* com os pastores e se prostra diante do menino Jesus, como o fizeram os sábios do Oriente, ela vai afirmando que a manjedoura é a cátedra da teologia. Uma cátedra marcada não apenas pela simplicidade e pela humildade, mas pela encarnação a partir da identificação com os que vivem em torno às manjedouras de ontem e de hoje.

A ORAÇÃO DE CADA DIA

Clodovis M. Boff

Bendito sejais vós, Senhor nosso Deus, Deus de Abraão, Deus de Isaac e Deus de Jacó, Deus altíssimo, autor do céu e da terra, nosso escudo e escudo de nossos pais, confiança nossa por todas as gerações e gerações. *Bendito sejais vós, Senhor, escudo de Abraão.*

Vós sois forte, sois aquele que abate os que se elevam, que é poderoso e julga os violentos, que vive nos séculos, que ressuscita os mortos, guia os ventos e faz descer o orvalho, que sustenta os vivos, que vivifica os mortos. Num bater de olhos fazeis germinar para nós a salvação. *Bendito sejais vós, Senhor, que vivificas os mortos.*

Vós sois santo e terrível é vosso nome. Não há Deus fora de vós. *Bendito sejais vós, o Deus santo.*

Sede favorável, Eterno Deus nosso, que habitas em Sião. Que vossos servos vos sirvam em Jerusalém. *Bendito sejais vós, Eterno, para que vos sirvamos com temor.*

Nós vos rendemos graças, a vós que sois Eterno Deus nosso e Deus dos nossos pais, por todos os vossos benefícios, pelo amor e pela misericórdia que nos concedestes e que testemunhastes a nós e aos nossos pais antes de nós. E se nós dizemos: O nosso pé vacila, vosso amor, ó Eterno, nos sustenta. *Bendito sejais vós, Eterno, que nos comprazes com a ação de graças.*

Ponde vossa paz em Israel, vosso povo, e na vossa cidade e na vossa herança, e abençoai-nos a nós todos em unidade. *Bendito sejais, Eterno, autor da paz.*

Frei Clodovis M. Boff, OSM, *O cotidiano de Maria de Nazaré* (São Paulo: Ave-Maria, 2014), p. 24-26.
Boff retrata a Maria integrada à vivência devocional da família repetindo, pela manhã, à tarde e à noite, as seis bênçãos, na versão mais antiga da *tefilá*, "ou seja, a oração por excelência".

7

MARIA, A MÃE DISCÍPULA

Certo dia, Jesus entrou numa casa, e as multidões começaram a se juntar outra vez. Logo, ele e seus discípulos não tinham tempo nem para comer. Quando os familiares de Jesus souberam o que estava acontecendo, tentaram impedi-lo de continuar. "Está fora de si", diziam.

Marcos 3.20-21

Então a mãe e os irmãos de Jesus foram vê-lo. Ficaram do lado de fora e mandaram alguém avisá-lo para sair e falar com eles. Havia muitas pessoas sentadas ao seu redor, e alguém disse: "Sua mãe e seus irmãos estão lá fora e o procuram". Jesus respondeu: "Quem é minha mãe? Quem são meus irmãos?". Então olhou para aqueles que estavam ao seu redor e disse: "Vejam, estes são minha mãe e meus irmãos. Quem faz a vontade de Deus é meu irmão, minha irmã e minha mãe".

Marcos 3.31-35

Maria, a mãe discípula

O evangelista Lucas retrata Maria como uma mulher afirmativa e participativa. As suas primeiras palavras são: *Como isso acontecerá? Eu sou virgem* (1.34). Pela sua lógica, o que o anjo diz não pode acontecer com ela. É impossível. Num segundo momento, o tom de suas palavras muda e ela se disponibiliza dizendo: *Sou serva do Senhor. Que aconteça comigo...* Um gesto que aponta para a submissão e a plena participação naquilo para o que Deus a está escolhendo. Não é que o seu Senhor estivesse lhe pedindo autorização para agir através dela, mas a sua

disponibilização a torna uma pessoa livre para se integrar nessa ação de Deus. "Sua total submissão a Deus", nos diz Erin Dufault-Hunter, "paradoxalmente a liberta"[1] marcando-a com a liberdade da obediência. E mais além dela mesma, nos lembra Bonhoeffer, Deus está evidenciando a sua vontade graciosa de "amar, escolher, engrandecer o que é humilde, normal, considerado de pouco valor".[2]

Num momento posterior, vê-se uma Maria integrada de corpo e alma à sua vocação e intensamente participativa naquilo que Deus está fazendo, como expresso no *Magnificat*, onde a encontramos cantando em sintonia com outras mulheres de sua história como Miriam, Débora e Ana.

Após os relatos mais intensos quanto ao anúncio da gravidez e o nascimento de Jesus, Maria some do cenário central. Perry diz que Lucas teve doze referências diretas a Maria e duas indiretas, mas após os relatos do nascimento de Jesus ela é tirada do palco.[3] Em alguns poucos momentos ela ainda é mencionada, mas fica claro que o que lhe foi anunciado se cumpriu e uma nova pergunta vai emergindo: Qual seria a postura de Maria diante de um Jesus que vai crescendo e vai definindo e afirmando a sua vocação?

Se Maria fosse convidada a fazer um desenho de sua vida e se, ainda entrando na adolescência, fosse responder à clássica pergunta "O que você quer ser quando crescer?", ela não teria imaginação possível para descrever essa vida marcada por tanta coisa em tão pouco tempo. Uma vida marcada por anjo, por uma maternidade assustada e por tornar-se mãe de um filho que não caberia em qualquer projeção que fizesse. Um filho que viria a desenhar o seu próprio e tão diferente caminho vocacional, qualificando-o como cumprimento de profecia (Lc 4.17-19). Um filho que foi muito além dela e desafiou todas as suas expectativas e esperanças e acabou convocando-a a ser sua seguidora. Esse não foi um

---

[1] Erin Dufault-Hunter, "The Political is Personal: Mary as a Parent and Prophet of Righteousness", Fuller Magazine, 23, 3 de junho de 2022, <https://fullerstudio.fuller.edu/theology/the-political-is-personal-mary-as-a-parent-and-prophet-of-righteousness/>.
[2] Dietrich Bonhoeffer, "My Spirit Rejoices", sermão de Advento proferido na Igreja da Trindade, Berlim, 17 de dezembro de 1933, <https://www.sermoncentral.com/sermons/my-spirit-rejoices-dietrich-bonhoeffer-sermon-on-christmas-168651>.
[3] Tim Perry, *Mary for Evangelicals: Towards an Understanding of the Mother of our Lord* (Downers Grove, IL: InterVarsity Press, 2006), p. 63.

caminho fácil e ao passar por ele houve momentos de profunda gratidão e de profunda agonia. Momentos de clareza e momentos nos quais se sentia entrando num escuro mundo de dúvidas e de dor. Ela teve, de fato, muitas oportunidades para se lembrar das palavras do devoto Simeão quando este lhe disse, por ocasião da consagração do recém-nascido Jesus, que ela sentiria *como se uma espada lhe atravessasse a alma* (2.35).

Ao olhar para a trajetória da vida de Maria, A. Steward Walsh diz que "a ele ela deu à luz e para ele ela viveu. Ele a reverenciou e ela o adorou".[4] Ela foi a mãe crente que se transformou na mãe discípula. Ainda que para Lutero, nos diz T. George, Maria foi uma discípula antes de ser uma mãe, pois se ela não tivesse crido não teria concebido,[5] a sua vida não é tão linear assim. O anjo anunciou e Maria creu, é verdade; mas com o passar do tempo ela foi vendo o que isso significava e, então, nem sempre conseguiu crer. "Os dois primeiros capítulos do Evangelho de Lucas", nos diz Perry, "apresentam-na como poderosa, com pleno controle de si mesma, do seu corpo e da sua sexualidade. Em seu consentimento humilde, porém confiante na vontade de Deus, ela concebeu um filho sem marido. A sua resposta a Gabriel é o epítome da obediência segura, uma meta a que todo crente deveria aspirar."[6] No decorrer de sua vida, no entanto, suas certezas chegaram a vacilar e sua clareza quanto à vontade de Deus chegou a se turvar, como veremos adiante.

Neste capítulo atentaremos para alguns dos lances que os Evangelhos nos transmitem a respeito de Maria, quando se percebe a força da sua vocação, suas enraizadas certezas, bem como a sua ambiguidade e sua agonia, para vê-la terminando tão bem, mencionada pela última vez na companhia dos irmãos e das irmãs, sua nova família, na comunidade dos seguidores de Jesus. A trajetória de Maria nos mostra a "mãe do *meu Senhor*" passando a ser seguidora do filho que gerou.

---

[4] Citado por Timothy George, "The Blessed Evangelical Mary", Christianity Today, 1º de dezembro de 2003, <https://www.christianitytoday.com/ct/2003/december/1.34.html>.

[5] Citado por Timothy George, "Evangelicals and the Mother of God", *First Things*, fevereiro de 2007, <https://www.firstthings.com/article/2007/02/evangelicals-and-the-mother-of-god>.

[6] Perry, *Mary for Evangelicals*, p. 13.

A volta a Nazaré: a vida como ela é

A volta a Nazaré foi rápida. Aliás, "rapidez" é uma marca bem evidente quando observamos Lucas e Mateus fazendo a transição da família de José e Maria para Nazaré, onde se instalam e onde passam a viver pelas próximas décadas. Depois de deixá-los em Nazaré Mateus silencia no que se refere à família de Jesus, até quando este já está envolvido no seu ministério público, uns trinta anos mais tarde.

Lucas estabelece um pouco mais de continuidade, devidamente focado em Jesus, afirmando o seu crescimento. E volta a fazer o mesmo quando Jesus está com doze anos, dizendo que ele *crescia em sabedoria, em estatura e no favor de Deus e das pessoas* (2.52). O contexto dessa afirmação encerra uma narrativa na qual se percebe um momento de tensão familiar ao Jesus afirmar publicamente a sua vocação, como veremos mais adiante. Então Lucas também silencia, até Jesus assumir o seu ministério público, aos trinta anos de idade (3.23).

Apesar da economia de detalhes quanto a essa instalação em Nazaré, alinhavo alguns comentários sobre isso.

A família de Jesus, agora em Nazaré, era uma entre as outras famílias da localidade, onde a vida comunitária era central. Uma comunidade que podia ser composta, em sua maioria, por vínculos familiares e na qual se gestava identidade e se experienciava proteção e segurança, tornando a própria sobrevivência viável. Nessa comunidade, nos diz Pagola, "compartilhavam-se os instrumentos agrícolas ou os moinhos de azeite, ajudavam-se mutuamente nas fainas do campo, sobretudo nos tempos de colheita e vindima; uniam-se para proteger suas terras ou defender a honra familiar; negociavam os novos matrimônios assegurando os bens da família e sua reputação".[7] É para esse universo familiar que José e Maria voltam e lá se reinstalam, agora com a companhia do menino.

Nessa vida comunitária a sinagoga ocupava um lugar central como um lugar de culto, de ensino e de encontro. Cada um dos Evangelhos sinóticos registra a sinagoga em Nazaré (Mc 6.2; Mt 13.54; Lc 4.16) e a presença de Jesus nelas. Ainda que até o momento as escavações não tenham encontrado vestígios físicos desta sinagoga, o lugar delas

---

[7] José Antonio Pagola, *Jesus: Aproximação histórica* (Petrópolis, RJ: Vozes, 2008), p. 65-66.

nas diferentes comunidades não carecia depender de estruturas físicas específicas, sendo elas o inegável lugar do cultivo da coesão social e das celebrações cúlticas.[8] É lá que as novas gerações eram alimentadas com o testemunho da ação de Deus na vida do povo. É lá que se alimentava a escuta, a submissão e o amor à Torá como a revelação do que Deus queria e esperava do seu povo. É lá que os meninos, como o próprio Jesus, aprendiam os rudimentos da escrita e o suficiente para ler e decorar a Torá, numa tradição que era fundamentalmente oral.[9] Quem nutria a fé e a própria vida comunitária em lugares como Nazaré não eram os "mestres da lei", que lá não chegavam, como diz Pagola, mas as pessoas da própria comunidade,[10] como faz Jesus quando, anos mais tarde, ao voltar a Nazaré, encontra espaço na sinagoga para falar da sua vocação, com a comunidade processando essa sua ministração e reagindo a ela. É importante registrar ainda que embora a fé fosse alimentada no contexto familiar e em diferentes ocasiões no decorrer da semana, era no sábado que isso acontecia de forma especial. Era no sábado, no contexto de um esperado dia de descanso, que a comunidade se reunia e era alimentada em sua fé em Deus e desafiada a praticá-la no decorrer de toda a vida.

É nesse contexto que o menino Jesus cresce saudável, forte e sendo aceito pela comunidade e por Deus, como diz Lucas. Aqui Maria, agora esposa de José, é a mãe deste menino que vai se enturmando com as outras crianças da comunidade e tornando-se uma delas. Jesus cresceu da maneira mais normal e integrada possível, como se vê no episódio da ida ao templo quando ele tinha doze anos e seus pais *pensaram que ele estivesse entre os demais viajantes [...] entre os parentes e amigos* (Lc 2.44).

A própria família nuclear de Jesus cresceu, e são citados quatro irmãos, chamados Tiago, José, Judas e Simão, além de algumas irmãs que, diz Pagola, "não são nomeadas, por causa da pouca importância que se dava à mulher" (Mt 13.55-56). Esses irmãos constituíram a família nuclear de Maria, que foi se ampliando à medida que os filhos e filhas alcançavam a

---

[8] Richard A. Horsley, *Arqueologia, história e sociedade na Galileia: O contexto social de Jesus e dos rabis* (São Paulo: Paulus, 2000), p. 120-121.
[9] José Comblin, *Jesus de Nazaré: Meditações sobre a vida e ação humana de Jesus* (Petrópolis, RJ: Vozes, 1971), p. 15-16.
[10] Pagola, *Jesus*, p. 71.

idade matrimonial e passaram a ter os seus próprios filhos.[11] É nesse espaço familiar que Maria vem a ocupar o papel central de mãe cuidadosa e ciosa de sua fé e da vivência desta em sua comunidade. Uma mãe que acompanhou os seus filhos e com eles viveu as experiências, a beleza e os conflitos típicos de qualquer família.

Maria foi mãe como todas as mães, buscando ser a melhor mãe para os seus filhos. T. George acentua que Maria "não foi apenas a porta de entrada de Cristo no mundo — o canal através do qual ele passou como a água flui por um cano. Ela foi a mãe que cuidou das necessidades físicas do menino Jesus. Foi ela quem o amamentou em seu peito e quem o nutriu e lhe ensinou os caminhos do Senhor. Sem dúvida foi ela quem o ensinou a memorizar os Salmos e a orar, ao mesmo tempo que ele crescia em sabedoria, estatura e no favor de Deus e dos outros".[12] Ao vivenciar a maternidade ela afirma, também, a dignidade inerente ao ato de ser mãe. Um ato que aponta para o caminho do reino de Deus em denúncia àqueles reinos que, em lugar de criar espaços para a vida, geram estruturas de desumanização e morte. Maria anuncia a vida em meio aos sistemas e estruturas que abortam a vida, modelando, nos lembra Erin, o que significa implementar a política do evangelho nas práticas comuns, nas escolhas cotidianas.[13]

Essa é Maria, a mais comum de todas as mães. Essa é Maria, a mais incomum de todas as mães, pois nunca deixou de manter vivo na mente, no coração e nas suas orações, que ela havia gerado o *Filho do Altíssimo* e a isso procurava responder sendo uma boa mãe para Jesus e para todos os seus filhos.

De José sabemos pouco, mas o que sabemos lhe dá a estatura que o coloca ao lado de Maria como um ativo partícipe nesta escolha de Deus à qual ela deu linguagem dizendo: *Pois ele observou sua humilde serva, e, de agora em diante, todas as gerações me chamarão abençoada* (Lc 1.48). Você é abençoado, José. Senão vejamos:

---

[11] Ibid., p. 66. A idade matrimonial para homens era de cerca de dezoito anos, enquanto para meninas era bem mais cedo, por volta de treze anos, ou assim que estivesse apta para a procriação.
[12] George, "Evangelicals and the Mother of God".
[13] Dufault-Hunter, "The Political is Personal".

- Os evangelistas Mateus e Lucas o colocaram na genealogia que desemboca em Jesus, o prometido Messias. Mateus refere-se a José como o *marido de Maria* (Mt 1.16), enquanto Lucas o identifica como o pai de Jesus: *Jesus era conhecido como filho de José* (Lc 3.23). E foi isso mesmo: José assumiu a paternidade desse menino como melhor podia, sendo o melhor pai que podia, assim como Maria o fazia como a melhor mãe que podia.
- José é bem identificado como carpinteiro (Mt 13.55) que, como tal, sustenta a sua família e repassa o conhecimento de sua profissão e o exercício de sua vocação para este seu assumido filho, que também passa a ser identificado como tal (Mc 6.3).
- José também é identificado como um homem justo, a ponto de não querer colocar Maria no palco do escândalo, ao saber da sua gravidez. Justo a ponto de responder às suas visões com obediência prática. Justo a ponto de ser um pai presente numa família em crescimento, ainda que não se saiba a razão do seu desaparecimento dos Evangelhos depois dos doze anos de Jesus. Justo a ponto de ser um pai de família que zela por uma espiritualidade que sintoniza com a herança genealógica na qual passa a ser identificado.

Clodovis Boff nos convida a acompanhar um pouco do que significaria manter essa herança no dia a dia da vida. Aliás, no amanhecer de cada dia. Ele escreve assim: "Seu marido José, junto com o filho — desde que o adolescente chegou à maturidade religiosa, aos 13 anos —, prepara-se para a oração da manhã. Talvez faça como os judeus mais observantes, que põem sobre os ombros o 'tallith', o xale para a oração, e amarra, na testa (diante dos olhos) e no braço esquerdo (perto do coração) os 'tefillin' ou filactérios. São estojinhos de couro que contêm quatro passos da Lei, como manda o Deuteronômio (6,8) em sua interpretação literal [...]. Na oração da manhã, pai e filho se voltam para Jerusalém, onde se encontra o Templo (Sl 138 [139],2, Dn 6,11). Dão três passos em frente para significar que se põe debaixo da 'Shekinah', a Presença do Eterno. Ficam normalmente de pé, com os braços estendidos e as mãos abertas (Sl 63,5). A posição de joelhos é para outras ocasiões (Sl 95 [98],6; Dn 6,11). Recitam em voz alta o 'ofício da manhã'".[14]

Assim viviam José e Maria, cercados de uma família crescente e com o toque de uma normalidade comunitária que lhes fazia bem, pelo sentido de pertença que exalava, e por lhes permitir vivenciar um processo de enraizamento no cotidiano da vida que trazia estabilidade familiar, tranquilidade para o sono e quietude no coração.

Isso andou bem até que levaram um susto. Melhor, vários sustos empacotados num evento.

Um susto e a chegada dos "sinais": a experiência no templo

Doze anos haviam passado e José, Maria e Jesus voltaram ao templo.

Quantas vezes eles já tinham feito esse caminho, após a consagração do recém-nascido Jesus, não sabemos, mas sabemos que a ida desse ano foi sintomática e o que aconteceu foi uma espécie de virada da chave paradigmática. A partir daquela ida a Jerusalém a coisa seria diferente, ainda que Lucas deixe claro que a vida seguiria o seu curso normal. Ele até chega a repetir que Jesus crescia como antes e que Maria, como sempre, guardava as coisas no seu coração. Mas até o fato de precisar dizer isso é um indicador de que algo havia acontecido.

Jesus estava com doze anos, às portas de entrar para a vida adulta, pois ao completar treze anos a criança alcançava a idade adulta, segundo o princípio talmúdico.[15] E naquele ano houve uma verdadeira delegação de *parentes e amigos* que se deslocaram para Jerusalém para a celebração da festa da Páscoa (Lc 2.41-52), ainda que não se requeresse que as mulheres também participassem dessa peregrinação. Segundo Marshall, a festa da Páscoa, associada à Festa dos Pães Ázimos, conhecida como Pessach, durava sete dias, mas se esperava que se ficasse em Jerusalém pelo menos dois deles.[16]

---

[14] Boff, *O cotidiano de Maria de Nazaré*, p. 23-24.
[15] Raymond E. Brown, SS, *The Birth of the Messiah: A Commentary on the Infancy Narratives in the Gospels of Matthew and Luke* (Nova York: Doubleday, 1994), p. 472.
[16] I. Howard Marshall, *The Gospel of Luke: A Commentary on the Greek Text* (Grand Rapids, MI: Eerdmans, 1978), p. 126.

Lucas, nessa sua matéria exclusiva bastante detalhada, chama atenção para algo que aconteceu após a participação nessa festa. Aconteceu já no caminho de volta, quando José e Maria acabaram levando uns sustos.

O primeiro susto é o do *desaparecimento*. Depois de caminharem por um dia sem encontrarem o menino de doze anos, José e Maria se preocuparam. Fizeram uma busca entre os vizinhos e parentes sem terem êxito. O menino havia desaparecido. Numa decisão rápida eles voltaram a Jerusalém, mergulhando numa busca de três dias até por fim encontrá-lo. O susto do desaparecimento gerou ansiedade, mas foi resolvido. Acontece.

O segundo susto foi de *cenário*, pois acabaram encontrando o menino *no templo, sentado entre os mestres da lei, ouvindo-os e fazendo perguntas* (2.46). Encontrá-lo no templo e com aquela companhia foi absolutamente inesperado. Não foi à toa, portanto, que eles demoraram tanto para encontrá-lo. Se fosse numa sinagoga a coisa teria sido mais rápida, mas encontrá-lo no templo e naquela companhia já era outra história. E, para a surpresa deles, o menino parecia tranquilo e em casa e quem estava admirado eram os que estavam com ele. Ou seja, o menino não apenas estava no templo, mas estava sentado em companhia inacessível para gente como José e Maria. E como se isso não bastasse ele havia se tornado um interlocutor aguçado e entendido. Impossível, diziam as pessoas sentadas na roda; de onde esse menino sabe estas coisas? Impossível, suspirou Maria quando o viu, e o seu coração se comportou como um trem saindo do trilho.

Ela o viu, não se segurou e exasperada exclamou: *Filho, por que você fez isso conosco? Seu pai e eu estávamos aflitos, procurando você por toda parte* (2.48). Só faltou acrescentar "e não esperávamos encontrá-lo *neste* lugar". *Perplexos* foi a palavra que Lucas usou ao descrever a reação de José e de Maria, mas mais perplexos ainda eles ficariam ao ouvirem a resposta que o menino de doze anos lhes deu. Mas isto já nos leva ao terceiro susto.

Depois teve o susto da *resposta*. O segundo susto era absorvível: encontrar o menino demorou mais do que esperavam, mas enfim o encontraram, ainda que num lugar inesperado. Susto apaziguado. Mas do terceiro susto não se recuperariam e teriam que voltar para casa com o susto engasgado no estômago.

Diante da exasperada pergunta de Maria, Jesus olhou para seus pais e já parecia ter treze anos. Firme, mas sem ser nem respondão e nem infantil, disse: *Mas por que me procuravam? Não sabiam que eu devia estar na casa de meu Pai?* (2.49). Hein? Dá para repetir? De novo, por favor?

Maria olhou para José, que abaixava a cabeça, querendo dizer algo como "O que aconteceu com o nosso menino? Cadê o nosso menino? Eu quero o meu menino de volta", mas volta já não havia. Como diz Erin, "como a maioria das mães, Maria descobre que o apego ao filho traz consigo ansiedades e tristezas que machucam a própria alma".[17] Mas aqui algo mais, bem mais profundo, estava em jogo. Aqui Jesus estava falando de uma outra paternidade e uma outra pertença. Um outro endereço. Estaria ele dizendo que o templo era a sua casa? E que essa era a casa do seu pai?

Há muita coisa embutida nesse susto e o que os deixa assustados é a tranquilidade e a segurança com a qual Jesus lhes responde. E, num ato seguinte, ele se levanta, despede-se dos seus interlocutores e volta com seus pais para sua casa.

Lucas diz que José e Maria não entenderam *o que ele quis dizer* (2.50), mas eles tinham todo o caminho da volta para ir processando a resposta do menino.

O que marcou esse terceiro susto foi a firmeza e o conteúdo da resposta. O menino que voltava com eles já não era o mesmo que tinha vindo com eles. Ele não apenas havia antecipado a sua adultez, mas a marcava com algo que não era tão fácil de entender. Ele estava apontando para dois endereços e duas paternidades, pois era, como vimos, simultaneamente humano e divino, histórico e eterno, encarnado e transcendente. Isso era algo novo que não apenas José e Maria teriam de processar, como já vimos anteriormente. Nesse momento, no entanto, o que restava a José e a Maria era a perplexidade quanto ao que o menino tinha dito e o fato de que ele estava voltando com eles para casa como se nada tivesse acontecido. Mas, no silêncio da volta, foram querendo discernir o tamanho do susto que levavam consigo.

Maria tinha muita coisa a processar. Num seu primeiro momento, lá atrás, Maria precisou, por assim dizer, encontrar um pai para esse menino e José cumpriu esse papel de forma surpreendente, pois ele havia se tornado um marido e um pai presente. Por anos foi assim, e como

---

[17] Dufault-Hunter, "The Political is Personal".

tiveram outros filhos, Jesus se enturmou bem e até acabou assumindo o típico papel de irmão mais velho.

Mas agora Jesus estava levantando uma outra paternidade e o fez de forma pública e absolutamente natural. Ele sabia e por isso dizia: *Não sabiam que eu devia estar na casa de meu Pai?* Não, eles não sabiam. Melhor, sabiam, mas não sabiam como isso viria a se manifestar em suas vidas e como eles, como pais, iriam absorver essa realidade. Lucas diz que eles *não entenderam*, e não é difícil entender por que eles não entenderam, pois estamos diante de algo que não se entende, mas se abraça como mistério.

Maria estava acostumada a conviver com o mistério, mas depois de vários anos essa realidade voltava com força e ela se deu conta, de novo, que havia dado à luz o *Filho do Altíssimo* e, como tal, ele tinha um Pai que tinha um outro endereço. Jesus estava certo, ela disse de si para si, enquanto José já parecia estar falando com o menino acerca do próximo trabalho de carpintaria. Ainda bem, ela suspirou, que ele é um homem prático.

Então José desaparece de qualquer cenário e Maria fica sozinha. Sozinha ela teria de enfrentar o que veria pela frente e o que viria não era pouca coisa. Não foram poucas as vezes em que ela sonhou que estava perguntando a José se ele não havia recebido nenhum anjo lhe dizendo o que fazer, mas quando acordava voltava a saber que agora era com ela. Era ela que teria que fazer as pazes com esse Jesus que era seu filho e *Filho do Altíssimo*. Esse Jesus que morava na sua casa, mas que apontava para o templo como a casa do seu Pai, onde deveria estar. Esse Jesus, de quem José era o pai e que tinha no Pai Altíssimo uma paternidade da qual ele sabia e ela também precisaria saber. E afinal era ela que teria de decidir como se posicionar diante desse Jesus que parecia lhe dizer que queria que ela fosse mais do que a sua mãe. Que ela fosse discípula do filho que havia carregado no seu ventre. Ela tinha, de fato, muita coisa a decidir e as coisas, por vezes, foram muito difíceis. Então lembrava da profecia de Simeão, que ela sentiria *como se uma espada lhe atravessasse a alma* (2.25). Era bem assim que ela se sentia.

A crise chegou. E como ficou?

A vida, de fato, voltou ao normal a ponto de os irmãos nem perguntarem mais "Por que vocês demoraram tanto? Onde ele estava?". Mas nem para Maria nem para Jesus as coisas voltaram, assim, bem ao normal. Maria continuava a construir uma narrativa na qual se lembrava de que ele era filho da promessa, o que a deixava ansiosa de como isso se tornaria realidade, nos próximos anos. Jesus também não voltou bem ao normal, pois o que tinha dito no templo parecia estar sempre no ar. Ele passou a gastar mais tempo com a Torá e com o líder mais velho da comunidade, buscando por histórias do seu povo. E mais tempo sozinho. Sozinho com o Pai.

Ocasionalmente, bem ocasionalmente, surgia oportunidade para uma conversa entre mãe e filho e ele lhe perguntava detalhes sobre o seu nascimento. Ela relutava, mas algo compartilhava, sempre com a impressão de que ele já sabia.

O velho normal, é verdade, nunca mais voltou e ela não podia negar que passou a ter algumas dificuldades em ser mãe desse adulto, agora passado dos doze anos, e sua misteriosa vocação. Os anos passaram e os Evangelhos silenciam quanto aos próximos dezoito anos. Até que um dia Jesus pediu para conversar com a família. Essa já era uma conversa de adultos e ele disse a todos que precisava ir ao encontro do João Batista, que, como eles sabiam, estava batizando pessoas no Jordão. As cabeças menearam positivamente e teve até um irmão que disse que queria lhe fazer companhia e buscar esse batismo. E assim aconteceu. Só que Jesus não voltou e Maria perdeu a companhia do filho solteiro, ainda que os netos, filhos de vários dos outros filhos e filhas, a mantivessem devidamente entretida.

As coisas aconteceram rápido e vieram acompanhadas de mudanças profundas. Muitas mudanças!

- Jesus havia crescido bem. Mas quando chegou a idade de lhe arranjar uma esposa ele foi bem claro: ele não iria casar e não teria filhos.
- Sua presença na sinagoga era intensa, se interessava muito pelos textos sagrados e conversava muito com seus líderes. Mas logo se percebeu que ele não apenas escutava para se submeter, parecia que tinha muita coisa para dizer e sentia-se bem à vontade para fazê-lo.
- Quando se espalhou a notícia de que seu parente João Batista havia começado um ministério forte e estava reunindo pessoas no

rio Jordão, onde estava promovendo um aclamado batismo para o arrependimento, ele começou a dar sinais de que precisava ir lá e o seu interesse pela carpintaria foi diminuindo. Até que um dia ele partiu e nunca mais voltou para ficar.

- As primeiras notícias de que João Batista o havia batizado chegaram, a família e a própria comunidade gostaram de saber. Maria lembrou muito do seu tempo com Isabel e do quanto isso significou para ela. Com alegria ela se via pensando no encontro desses dois, João e Jesus, que foram gerados de forma tão preciosa e misteriosa.
- Depois do batismo ela ficou sem ter notícias dele por algum tempo. Aliás, um tempo demasiado longo para qualquer mãe. O pouco que sabia parecia incerto: alguns o viram seguir por outro caminho e parecia estar indo para o deserto. Mais tarde ela soube que ele tinha ido mesmo ao deserto e por lá havia ficado por um longo tempo, quarenta dias. Quarenta dias no deserto, sem a comida que ela fazia e sem que ela pudesse cuidar de suas roupas e lhe preparar um leite especial com queijo.
- Aos poucos ela foi se dando conta de que o tempo do filho morar em Nazaré havia acabado e o seu coração foi absorvendo com dificuldade o que se ouvia acerca dele.

Ele estava com outro endereço e tinha se instalado na casa de uns novos amigos em Cafarnaum. Largou a carpintaria e passava os dias caminhando por diferentes lugares, geralmente onde havia muita carência, falando com as pessoas acerca de Deus e de como elas deveriam passar a viver diferente depois de ter Deus no coração, na mente e nos relacionamentos. Assim como ele fazia, pois, pelo jeito, conhecia a Deus muito bem.

Ele não apenas falava, mas também agia, curando enfermos, libertando gente oprimida, convidando pessoas a segui-lo, sempre apontando para o que ele chamava de reino dos céus ou reino de Deus. A vida dele mudou completamente e começaram a vê-lo como profeta; e, aos poucos, ele começou a falar de si mesmo de um jeito parecido como dele falaram o anjo, Isabel, os pastores, os sábios do oriente, Ana e Simeão. Maria se assustou, mas o seu coração o confirmou.

As multidões não demoraram a chegar e ele, que havia passado grande parte da vida cercado dos instrumentos de carpintaria, agora se via cercado de gente por todos os lados. Gente querendo ouvi-lo, gente querendo tocá-lo ou ser tocada por ele e gente querendo briga, pois o que estava fazendo e dizendo era uma ameaça para os sacerdotes e os escribas, os representantes do templo e mesmo para a polícia romana, que gostava de ter tudo sob o seu controle. Agora ele já não se submetia à prática religiosa da qual ele havia participado e da qual havia se alimentado. Havia uma espécie de religiosidade que ele passou a denunciar como rotineira, cansativa e contraditória, querendo restaurá-la para que, de fato, agradasse a Deus e ajudasse, não explorasse, as pessoas. Até o templo, que um dia havia identificado como a casa do seu Pai, entrou no seu foco, e ele passou a insistir que o templo voltasse a ser *a casa do Pai* e não um *esconderijo de ladrões* (Lc 19.46).

Quando as notícias foram chegando em Nazaré e aos ouvidos de Maria ela sorriu e se assustou. Ela sorriu assim como havia sorrido ao receber a visita do anjo e riu junto com Isabel. Lembrava do que se tinha dito acerca de quem ele seria e do que faria, e sorriu o sorriso de quem sabia das coisas de Deus. Mas ela também se assustou e o susto foi crescendo dentro dela: Então seria assim? Ele viria a ser assim, generoso com alguns e agressivo com outros? Ele queria mesmo abolir vários dos costumes religiosos que praticavam? Queria mesmo acolher pessoas que não são da nossa etnia e da nossa religião? Ele parecia querer muitas coisas para além do seu mundo familiar e etnorreligioso.

Alguém que havia estado com o Batista lhe trouxe a notícia de que este estava falando de Jesus dizendo que ele, João, não era *digno de desatar as sandálias dele,* e então descrevia com que propósito Jesus tinha vindo: *Ele já tem na mão a pá, e com ela separará a palha do trigo, a fim de limpar a área onde os cereais são debulhados. Juntará o trigo no celeiro, mas queimará a palha num fogo que nunca se apaga* (Lc 3.17). Ouvindo isso, o susto da Maria não foi embora.

Era muita coisa para guardar no coração. Isso ela havia aprendido a fazer, mas agora o seu coração parecia transbordar.

Não demorou muito e ele apareceu em Nazaré, na véspera de um sábado. O coração dela faltou explodir. Ele não veio sozinho, estava rodeado de um grupo, que ela descobriu serem seus discípulos. Foi uma confusão, mas ela conseguiu lugar de dormir e comida para todos, fazendo questão de que Jesus viesse para a casa dela e que havia sido dele por tanto tempo. E foi para lá que ele foi e ela dormiu feliz, depois de ficarem conversando um bom bocado. O dia começou cedo e foram todos para a sinagoga, como sempre se fazia no sábado; e naquele dia ela percebeu o quanto ele havia mudado e como parecia tão certo das coisas que dizia e fazia. Mais tarde um dos evangelistas falou assim daquele sábado:

Quando Jesus chegou a Nazaré, cidade de sua infância, foi à sinagoga no sábado, como de costume, e se levantou para ler as Escrituras. Entregaram-lhe o livro do profeta Isaías, e ele o abriu e encontrou o lugar onde estava escrito:

"O Espírito do Senhor está sobre mim,
  pois ele me ungiu para trazer as boas-novas aos pobres.
Ele me enviou para anunciar que os cativos serão soltos,
  os cegos verão,
  os oprimidos serão libertos,
  e que é chegado o tempo do favor do Senhor".

Jesus fechou o livro, devolveu-o ao assistente e sentou-se. Todos na sinagoga o olhavam atentamente. Então ele começou a dizer: "Hoje se cumpriram as Escrituras que vocês acabaram de ouvir.

Lucas 4.16-21

Mas a história não havia terminado. As pessoas reconheceram a graça que havia em suas palavras. Mas quando começou a dizer que *nenhum profeta é aceito em sua própria cidade* (4.24) e que não faria em Nazaré os milagres que andava fazendo em outros lugares, a situação ficou bem difícil, as pessoas ficaram furiosas e ele acabou escapando de ser empurrado precipício abaixo (4.29), para logo seguir seu caminho.

Aquela noite foi bem diferente para Maria e ela nem bem conseguiu dormir. Aliás, a partir daquele dia a vida na comunidade ficou tensa, inclusive na sua família. Até se poderia dizer que a situação na própria família ficou tensa e ambígua, ambígua e tensa, e os Evangelhos acabam refletindo isso. Num momento parecia haver encantamento com Jesus e o que ele andava dizendo e fazendo, mas noutras horas havia indignação.

O Evangelho de João nos ajuda a entender um pouco desse encantamento quando nos apresenta os irmãos de Jesus incentivando-o e desafiando-o a buscar um posicionamento adequado para ganhar maior visibilidade na sociedade: *Você não se tornará famoso escondendo-se dessa forma. Se você pode fazer coisas tão maravilhosas, mostre-se ao mundo* (Jo 7.4). Mas João parece saber melhor, pois logo acrescenta: *pois nem mesmo seus irmãos criam nele* (7.5).

Num outro instante, anterior a esse, segundo o mesmo João, o assunto é Maria e o cenário é uma festa de casamento. O vinho está acabando e ela diz a Jesus: *Eles não têm mais vinho* (Jo 2.3). João nos brinda com um relato até detalhado e acaba com uma abundância de vinho e vinho de boa qualidade. O que nunca encontra resposta fácil é por que Maria faz isso, chegando a orientar os empregados: *Façam tudo que ele mandar* (2.5). Qual é a sua intenção? Uma intenção Jesus parece identificar e responde com firmeza, dizendo que a sua hora *ainda não chegou* (2.4). Parece querer dizer que prover vinho para a festa não é sua responsabilidade; no entanto, logo em seguida faz exatamente isso, provendo um bom vinho.

Em seu comentário acerca desse evento Perry levanta a possibilidade de que também Maria poderia estar em sintonia com seus outros filhos quando estes dizem a Jesus, como vimos, *mostre-se ao mundo,* sem que, de fato, cressem nele. É sintomático que na continuidade do seu relato João recalca que, como resultado desse *primeiro milagre que Jesus fez [...] seus discípulos creram nele* (2.11), mas apenas estes. João Crisóstomo (c. 347–407 d.C.), um dos mais conhecidos pais da Igreja, nos apresenta um diagnóstico duro de Maria ao dizer que, "na verdade, o que ela havia ensaiado fazer era de supérflua vaidade, pois queria mostrar para as pessoas que tinha poder e autoridade sobre seu filho, sem ainda imaginar algo grande a seu respeito, daí também sua desproposita da abordagem".[18]

Então João termina o seu relato dizendo que Jesus *passou alguns dias com sua mãe, seus irmãos e seus discípulos* (2.12).

Se é necessário aproximar-se com cuidado desse quadro de aparente ambiguidade, tanto dos irmãos como de sua mãe, também é importante

---

[18] Perry, *Mary for Evangelicals*, p. 154.

não o negar. E ele não é o único, pois tem outro — mais sensível, mais crítico e mais robusto. Aliás, é o único relato, quanto à família de Jesus, que aparece em todos os Evangelhos sinóticos, ainda que com nuances que parecem apontar para uma diferente partitura. Vejamos isso mais de perto.

Quem é minha mãe?

Ouvir a pergunta *quem é minha mãe?* (Mc 3.33; Mt 12.48) brotar da boca de um filho é como um golpe no estômago de qualquer mãe. Pois foi exatamente isso que aconteceu vindo da boca de Jesus em relação à sua mãe. Não se sabe se ela ouviu o que Jesus dizia, pois estava *do lado de fora*, com seus outros filhos, ou se isso lhe chegou através de terceiros. O momento é sensível.

Os Evangelhos de Marcos, Mateus e Lucas relatam uma cena na qual Maria e seus filhos vão ao encontro de Jesus no intuito de vê-lo, segundo Lucas (8.19-20), *falar com ele*, segundo Mateus (12.47), ou os dois, segundo Marcos (3.31). Na narrativa de Marcos, os seus familiares, sabendo o que estava acontecendo, tinham vindo para *trazê-lo à força* (3.21, NVI), *para o prender* (ACR) e *para impedi-lo de continuar* (NVT), pois, todas as traduções concordam, ele *está fora de si*. Essa nota, agressiva, está apenas no Evangelho de Marcos, que parece o mais crítico em relação à família de Jesus e sua postura diante dele e do seu ministério. O contexto no qual o texto está inserido deixa isso claro.

No Evangelho de Marcos Jesus inicia o seu ministério com muita intensidade e muita resposta. Como diz o autor, *a notícia de seus milagres havia se espalhado para longe, e um grande número de pessoas vinha* vê-lo. Vinham, ele continua, *de todas as partes da Galileia, da Judeia, de Jerusalém, da Idumeia, do leste do rio Jordão e até de lugares distantes ao norte, como Tiro e Sidom* (Mc 3.8), chegando ao ponto de eles estarem espremidos *numa casa*, cercados de uma multidão, sem tempo *nem para comer* (3.21). Diante desse quadro, diz Marcos, se levanta uma oposição a Jesus que se expressa na atitude de seus familiares e dos mestres da lei que tinham vindo de Jerusalém e o estavam acusando de estar *possuído por Belzebu, príncipe dos demônios*, recebendo deste o poder *para expulsar demônios* (3.22).

Em reação a essa emergente oposição, Jesus confronta esses *mestres da lei*, alertando-os do risco de estarem blasfemando contra o Espírito Santo (3.29-30). E diante da demanda de Maria e de seus irmãos, para *sair e falar com eles* (3.31), ele traz ao conceito de família um outro enfoque: *Então olhou para aqueles que estavam ao seu redor e disse: "Vejam, estes são minha mãe e meus irmãos. Quem faz a vontade de Deus é meu irmão, minha irmã e minha mãe"* (3.34-35).

O Evangelho de Mateus mantém o clima de conflito com os fariseus e a acusação de que *seu poder* vinha de Belzebu (Mt 12.24) e a postura de uma distância crítica de sua família (12.46-50), trazendo os relatos um após o outro, mas sem a nota tão ostensiva por parte da família de Jesus. Já no Evangelho de Lucas a nota quanto à família de Jesus está em outro contexto e apresenta uma redação bem mais tranquila, dizendo que foram vê-lo sem terem acesso a ele por causa da multidão (Lc 8.19-21).

Em todos os três textos, no entanto, há uma nota contínua e consistente: a compreensão de família, da parte de Jesus, está passando por um processo de reconfiguração. Embora tenha vivido, até recentemente, no contexto de sua família sanguínea e étnica, a partir do momento em que inicia o seu ministério esse conceito e mesmo essa prática da convivência ganham uma nova configuração. Agora, quem ouve e pratica a Palavra e quem faz a vontade de Deus é família. Sua família (Mc 3.35; Mt 12.50; Lc 8.21).

Jesus não está negando a sua família, e sim convidando-a e desafiando-a a um reposicionamento quanto à convivência humana e à experiência de comunidade. Enquanto se vê que os discípulos estão abraçando essa proposta, a família de Jesus está lutando com ela e vai precisar de mais tempo para abraçá-la, e não se sabe quantos da sua família o fizeram. O que Jesus está propondo não é fácil nem natural e, como diz Perry, significa uma ruptura com as mais poderosas instituições sociais do seu tempo, que são a família e a religião.[19] Já Comblin é mais incisivo quando diz que "Jesus não se sente comprometido com a família de modo algum. A partir do momento em que iniciou sua missão, a família deixou de existir para ele. Nem ressentimento, nem apego, nem privilégios, nem intromissão nos debates da família. Ele não será o conselheiro

---

[19] Perry, *Mary for Evangelicals*, p. 33.

religioso da família. Ele é o homem que existe para os homens. A sua missão o projetou no cenário do mundo: todos os homens são virtualmente seus parentes".[20] Abraçar essa compreensão e prática de família não é pouca coisa e Maria tem diante de si um grande desafio.

Ao encontrar com Isabel, anos atrás, esta celebrou Maria como aquela que creu e por isso é abençoada (Lc 1.45). Agora chegou a hora de Maria crer novamente, sem que haja anjo soprando algo ao seu ouvido. Agora chegou a hora de crer de dentro para fora.

Ao entardecer daquele difícil dia os filhos que estavam com ela lhe disseram "Mãe, está na hora de começar a voltar para casa, senão a gente nem chega em casa amanhã". Mas ela olhou para eles, respirou fundo e disse "Meus filhos, eu não vou conseguir. Minhas pernas estão bambas e o meu coração está batendo errado. Vamos arrumar um lugar para ficar por aqui nesta noite e amanhã vou estar melhor. Pois este", ela suspirou, "está sendo o dia mais triste da minha vida." E assim foi.

Quando chegaram em casa, depois de um longo caminho com grande silêncio, ela lhes disse que precisava falar com eles e uma conversa se arranjou.

Preparando-se para a conversa ela decidiu que iria falar de coisas que nunca havia dito aos seus filhos. E iria fazê-lo de forma muito direta. Assim foi. Falou do anjo e do começo da vida com José. Falou da sua gravidez e do tempo na casa dos pais de João Batista. Falou do nascimento de Jesus e de encontros dos quais nunca havia esquecido e deu destaque especial para as palavras de um velho devoto que ao ver Jesus, por ocasião da consagração dele no templo, lhes disse que ele estava destinado a ser *luz de revelação às nações* e que isso iria significar muita dificuldade, bagunça e a emergência de uma nova realidade. E quanto a ela, ele dissera, iria ser *como se uma espada lhe atravessasse a alma*. Então ela calou. Respirou fundo. Enxugou as lágrimas que já estavam lhe molhando o rosto e disse: "É, estou com a espada me atravessando bem aqui, mas estou orando para crer de novo. *Revelação às nações!* Se for isso, que seja assim".

Então ela calou novamente. E quieta ficou por um longo tempo. Em seguida levantou-se e disse: "Estou indo, meus filhos. Preciso me deitar um pouco, pois toda essa história continua a mexer muito comigo.

---

[20] Comblin, *Jesus de Nazaré*, p. 14.

Obrigada por me escutarem". Maria foi, eles ainda ficaram um pouco e aos poucos foram indo para as suas casas acompanhados pelos passos dessa história tão banhada em mistério e tão parte de sua família.

Eu também escutei a sua história, Maria, uma vez mais. Você creu, Maria, e o seu coração lhe saiu pela boca. Eu vi. Você teve medo do que ouviu e viu, quando o seu primogênito começou a andar por onde você nunca tinha andado e a tocar em quem você nunca havia tocado. Quando ele começou a falar o que você nunca esperava sair de sua boca e a fazer o que a surpreendia e assustava, mesmo já tendo estado com anjos e visto coisas que olhos humanos não veem. Eu percebi. Muitas vezes, Maria, você não entendeu os propósitos de Deus, falou quando devia ter ficado calada e achou que os vínculos filiais a sustentariam, quando devia ter aprendido a crer naquele que havia gerado.[21] Eu vi. Mas vou ver ainda mais, eu sei.

Sabe, Maria, eu fico grato e confortado em encontrá-la assim. Ao vê-la ora crendo, ora tendo dificuldades para crer, parece que assim você chega mais perto de quem eu sou e você me parece tão humana quanto todos nós.

Eu queria saber e dizer um pouco mais sobre esse seu movimento que a torna tão parecida comigo, mas me vi tendo dificuldades de fazê-lo, tanto pela exiguidade das páginas de um livro como este, como porque a minha linguagem da linearidade não me deixa fazê-lo. Então fui para a imaginação — de novo! — e a vi fazendo o inimaginável: tendo uma conversa com o João Batista. E olhe lá onde ele estava, na prisão identificada como a Fortaleza de Maqueronte. Como foi que você chegou lá?

Uma visita improvável: Maria visita João Batista

Quando disseram ao Batista que tinha visita para ele, ele nem estranhou, pois vira e mexe alguns dos seus discípulos conseguiam cavar uma hora para vê-lo. Ainda que ficar sozinho não fosse o seu maior problema, era bom ter alguém para conversar um pouco, nessa miserável prisão. Mas quando lhe disseram que era uma mulher que o estava esperando ele

---

[21] Ver David Steinnmetz, citado por George, "The Blessed Evangelical Mary".

chegou a titubear. Mulher? "Quem é?", ele perguntou, mas o guarda nem se dignou responder e o empurrou murmurando "Anda logo, senão nem te levo para vê-la". Quem sabe seria melhor, ele pensou. O trato com mulheres nunca havia sido fácil para ele. A sua mãe tinha falecido, fazia tempo. Irmã ele não tinha. Discípula, nem pensar. Mas quando ele a viu, pois já tinham chegado ao local das visitas, nem conseguiu disfarçar: "Maria! O que você está fazendo aqui?". A resposta veio de pronto: "Eu precisava te ver. Eu precisava te ouvir. Eu precisava…", e ela nem conseguiu terminar a frase pois o guarda atropelou a voz dela e vociferou: "Tem quinze minutos".

Havia sido difícil, mas coisas fáceis não foram muitas em sua vida. A primeira vez em que a ideia entrou na sua cabeça, ela se assustou. Quando disse para os filhos que precisava ver o João eles acharam que ela estava delirando e como num jogral responderam: "Nem pensar, mãe. Pode tirar isso da cabeça". Mas como as circunstâncias da vida haviam ajudado a alimentar a sua teimosia, ela não desistiu e ficou incomodando os filhos até que um deles decidiu ir com ela. Na verdade, ela até havia apelado dizendo: "Vocês não vão querer que eu vá sozinha, não é? Os discípulos do João me ajudaram e a visita está marcada".

Encontrar-se com João Batista nunca tinha sido fácil, pois ele vivia como um "bicho do deserto", então encontrá-lo na cadeia nem era tão difícil. O mais difícil foi convencer aqueles burocratas da cadeia a deixarem uma mulher entrar naquele antro. Mas ela conseguiu. Cobriu-se toda, disse que era da sua família e que não iria sair dali sem vê-lo. E vê-lo ela precisava. E diante dele ela estava.

Quem melhor do que o João para ela ver e conversar? Ela andava inquieta. Agitada e ansiosa. Desde aquela vinda de Jesus a Nazaré e a confusão que gerou no coração dela, na sua família e na própria comunidade, ela havia perdido a paz e a confusão parecia ter tomado conta dela. Depois houve a ida a Cafarnaum, com Jesus falando aquelas coisas sobre quem era a sua família; mas aquele era um dia para ser esquecido. Ela, que havia aprendido a guardar no coração as situações e os assuntos que lhe eram fortes e difíceis e misteriosos, dessa vez parece que o coração não estava dando conta: esse seu filho não estava sendo fácil de seguir. Estava dizendo coisas difíceis de entender e andava com gente que não era recomendável acompanhar, embora fosse impressionante as coisas que andava fazendo e a segurança com a qual falava. As coisas estavam confusas e ela não tinha com quem falar. Quando ela levantava o assunto com os filhos o volume das vozes subia rápido e quando tentava fazê-lo com os vizinhos eles lhe viravam as costas, como se não tivessem vivido juntos a vida inteira. Mas de Jesus eles não queriam nem saber e falavam coisas dele que atravessavam o seu coração. Coisas pesadas. Que andava blasfemando contra Deus. Que andava com as pessoas erradas. Pessoas de maus costumes. Que andava sentando-se à mesa e comendo com quem não devia. Que andava desrespeitando o próprio sábado e outro dia até o acusaram de ser agente de Belzebu. Ela faltou desmaiar, ainda que nem todos pensassem assim.

Ela precisava falar com alguém e como num estalo disse: "Vou encontrar o João. Ele vai me entender. Ele vai me ajudar. A gente tem muito em comum, do milagre da vida à esperança pelo Messias. E tem as dúvidas", pois lhe haviam dito que também ele andava brigando com elas. "Eu vou dar um jeito de ver o João", decidiu. E lá estava ela diante dele e tinha quinze minutos.

"João", ela disse, "eu precisava ver você e temos pouco tempo. Me diga, o que acha dele? Você esteve com ele? Você o batizou, não é? Você o viu começando essa vida de profeta e até falou muito bem dele. João, o que você acha? Estou confusa. Meu coração está doendo."

Os quinze minutos passaram rápido, mas foram inesquecíveis. Quinze minutos que, esses sim, ela guardou no coração.

João olhou para ela, arrancou um leve sorriso não sei de onde e disse: "Sente, tenho uma história" e lhe contou: "Eu estava desse jeito. Que nem você. Sabia o que o Espírito me havia soprado, me lembrando das coisas da Torá. Sabia da vinda do Messias e quando Jesus apareceu eu discerni que era ele. Mas quando ele começou a atuar me pareceu tão diferente. Andou por caminhos bem estranhos. Parecia o meu oposto. Eu falava do jejum e ele mandava comer. Eu mandava guardar o sábado e ele mandava os discípulos colher espigas no próprio sábado, se tivessem fome. Eu falava que as pessoas precisavam praticar o arrependimento para encontrar o perdão e ele parecia conceder perdão com muita facilidade e a quem não merecia. Eu falava que precisávamos de uma nação pura e ele dizia que a gente precisava acolher o diferente, chegando a propor que precisamos aprender com os samaritanos. Eu estava muito confuso, Maria, pior do que você. Chamei uns discípulos para que fossem falar com ele e quando voltaram, parecia que já eram discípulos dele. Haviam experimentado o que eu havia falado: vieram batizados com o Espírito e falando que ele estava propondo algo novo, um novo jeito de conviver com Deus e um novo estilo de viver. Pensei muito, resmunguei muito, orei muito, Maria, e entendi que eu estava querendo reformar o velho, enquanto ele estava trazendo o novo: outro jeito de se relacionar com Deus, de olhar para o outro e de ser comunidade. E a isso ele estava chamando de reino de Deus. Uma espécie de semente de um amplo futuro de Deus. Eu lembro o que aqueles discípulos me disseram quando voltaram: ele está curando enfermos, cegos estão vendo, aleijados voltam a andar, leprosos são limpos... É muita coisa, Maria. E ele ainda disse que *felizes são aqueles que não se sentem ofendidos por sua causa* (Lc 7.21-23)". Mas ela nem escutou direito, pois estava lembrando do que ele tinha dito na sinagoga lá em Nazaré. Era a mesma coisa.

Os quinze minutos haviam passado, os guardas já estavam vociferando e não adiantou ela suplicar por mais tempo. Foram levando o João embora, enquanto ela ainda ficou sentada ali por um pouco. Virou-se para o filho que lhe fazia companhia, quieto o tempo todo, disse: "Obrigada que você veio comigo", e lembrou do último olhar de João para ela. Um olhar que dizia: "Entendi. É ele mesmo. É isso mesmo. É o novo. É Deus bem aqui". Ele estava em paz e ela precisava daquela paz, ainda que levasse um tempinho para processar o que ele lhe havia dito. E tempo ela teria. Um tempo que João já não tinha.

Ela nem chegou a contar da tentativa deles de encontrar Jesus e de como isso tinha acabado em frustração, mas disso João nem precisava saber. Não demorou muito e ela soube que o desgraçado do Herodes havia mandado decepar o João Batista. A cabeça ele até podia cortar, mas aquele olhar que ela tinha visto ele não podia apagar e isso iria assombrá-lo. Bem-feito para ele.

Já no caminho de volta para casa ela sentiu o coração mais leve e havia algo como sementes brotando dentro dela, e lembrou-se da palavra do velho profeta que tinha dito que um broto nasceria do velho tronco de Jessé. Seria isso? Disso ela queria fazer parte. Ele estava batizando com o Espírito e ela queria. Ele estava anunciando e vivendo algo novo, "reino de Deus", e isso ela queria. Ele estava construindo uma nova comunidade e ela queria. Lembrou do cântico que anunciava as grandes coisas de Deus e do Simeão que havia pronunciado a palavra *nações*. O que ela queria mesmo era aquele olhar do João. Um olhar que ela já tivera, mas tantas coisas haviam acontecido e ela parecia estar com cataratas lhe ofuscando o olhar. Mas o Jesus que cura cegos não teria problema em limpar as cataratas dela. E isso nunca lhe ficou tão claro como quando ela, um pouco mais tarde, com os olhos cheios de lágrimas e prostrada aos pés da cruz, pareceu nunca ter visto tanto e de forma tão clara: ele era o *Filho do Altíssimo* que veio para *tirar os pecados de muitos* (Hb 9.28). Os dela também.

Já de volta em casa e depois de um bom descanso ela pediu novo encontro com todos os filhos, embora eles soubessem que afinal as coisas tinham saído bem e o encontro com João havia feito bem "para a mãe", como eles diziam. Ao se encontrarem ela lhes disse que havia outra história que queria contar e lhes falou de como ela e José haviam dado um jeito de ir ao templo de Jerusalém para consagrar o menino Jesus, depois de quarenta dias de nascido, como a tradição deles indicava. "Ao chegarmos ao templo", contou, "vimos um desses devotos que vivem respirando as coisas de Deus e ele foi direto ao nosso encontro. Pediu para segurar o menino e se pôs a dizer umas coisas que nem entendemos direito, enquanto os meus olhos se arregalavam de espanto. Nem sei bem por que, mas nestes últimos dias andei me lembrando do que ele disse e queria repetir para vocês o que ele falou. Foi assim:

> *Soberano Deus, agora podes levar em paz o teu servo,*
> *como prometeste.*
> *Vi a tua salvação,*
> *que preparaste para todos os povos.*
> *Ele é uma luz de revelação às nações*
> *e é a glória do teu povo, Israel!*
> Lucas 2.29-32

Os filhos escutaram, silenciaram e se entreolharam como que dizendo "o que ela quer dizer com isso?". Eles perguntaram e ela sabia. As palavras *salvação, nações, glória* ganharam novo sentido para ela e ela estava pronta para ser levada. Agora, e isso ela sabia, ela também tinha aquele olhar do João Batista; o olhar da paz que encontrou e passou a saber.

Noutro dia, assim do nada, um dos netos lhe disse: "Vó, que aconteceu com a senhora? Parece diferente. Parece, assim... parece que sabe de alguma coisa. A senhora tem outra história para a gente?".

A teologia dá conta da vida e a vida forja teologia

A vida tem me ensinado que ela nunca é simplesmente projetável, pois nela tem muitas esquinas que nos surpreendem, desesperam e enriquecem. A vida como ela é aconteceu em Nazaré e acontece em nossos diferentes endereços, mas Deus quer nos encontrar em cada um deles num encontro que sempre representa presença, vocação e (re)ativação da esperança.

O autor de Eclesiastes nos diz que há um *momento certo para tudo, um tempo para cada atividade debaixo do céu* (Ec 3.1). Um dos meus mentores me ensinou que a realidade é sempre melhor que a projeção, e disso Maria dá testemunho. Ela viveu tempos bem diferentes em sua vida, mas nunca deixou de ser *abençoada* e sempre procurou soletrar *que aconteça comigo*, ainda que houvesse dias e tempos em que ela sequer conseguia chegar ao fim de soletrar uma disponibilidade que em outros momentos parecia sair com tanta vivacidade.

Assim foi a vida de Maria e assim é a nossa vida e assim nos encontramos em nossa humanidade. Assim foi Maria, a mãe do *meu Senhor* que se tornou também no *Senhor* dela. Assim Maria vive e ensina a teologia do cotidiano, no qual se experimenta a graça e a sombra, a vocação e sua concretização na obediência, a alegria do Espírito e a dor da negação de nós mesmos, a prática da compaixão que sorri e da compaixão que nos rouba.

A boa teologia abraça a cotidianidade e a complexidade da vida e com ela consegue conversar, se alegrar e se entristecer. Ela nunca nega a realidade, nem se espanta diante das contradições e da relutância humana quanto à própria vocação, pois se alimenta da palavra do Eterno que está enraizada no amor, comprometida com o florescer humano e é gestora de uma esperança que ensina a dizer *sou serva do Senhor, que aconteça comigo.*

Há uns bons anos um pastor mais idoso do que eu me disse que já não estava interessado em como as pessoas *iniciavam* a sua caminhada de fé, mas em como a *terminavam*, o que aprendi a observar também. Mas quando olho para Maria vejo que ela iniciou bonito e terminou bem, tornando-se um bom exemplo de vida.

CONCLUSÃO
A espiritualidade do coração

Maria terminou bem. Terminou inteira. Terminou acolhida. Terminou bonita. Começa como favorecida e termina como favorecida, na companhia de outros favorecidos. Começou crendo, admirada e perplexa viveu momentos de dor e de dúvida, para continuar a crer e voltar a crer, numa mistura que tantas vezes nos acompanha. Afirmou e reafirmou a sua identidade como a mãe do *meu Senhor* e encontrou o seu lugar na comunidade da unidade na oração (At 1.14).

Maria encontrou o seu lugar

Há dois lugares que desenham essa chegada de Maria, pois essa é uma chegada de fé e não apenas uma chegada de anos. E nessa chegada ela não está sozinha, mas acompanhada.

O primeiro desses dois lugares é ao pé da cruz. É apenas no Evangelho de João que Maria aparece no momento da crucificação. Ela está *perto da cruz*[1] junto com várias mulheres, *a irmã dela, Maria, esposa de Clopas, e Maria Madalena*, acompanhadas do *discípulo a quem ele amava* (Jo 19.25-26),[2] a única referência de alguma presença masculina naquele lugar, além dos soldados.

O cenário da Maria aos pés da cruz, como relatado por João, tem captado a imaginação de vários compositores e artistas no decorrer da história da igreja, sendo o *Stabat Matter Dolorosa* um dos mais conhecidos. Este hino, reportado ao século 13 e muitas vezes atribuído ao franciscano

---

[1] Em Mateus 27.55 e em Marcos 15.40 há um grupo de mulheres que observa a cena de longe (ver tb. Lc 23.49). Em nenhum destes textos é registrada a presença de Maria, a mãe de Jesus.

[2] A especificação *o discípulo que Jesus amava* é feita também em João 13.23, 20.2 e 21.20 e, segundo a tradição, seria uma referência a João.

italiano Jacopone da Todi, começa dizendo: "Estava a Mãe dolorosa, junto à cruz, lacrimosa" e, continuando, "da qual pendia o Filho, a espada atravessava sua alma agoniada, entristecida e dolorida".[3] "A poesia e as imagens destes diversos hinos", diz P. Reardon, "partilham o propósito comum de levar a imaginação cristã a uma consciência vívida da dor e do abandono da mãe de Jesus junto à sua cruz, enquanto ele a confia aos cuidados do 'discípulo que ele amava'".[4]

Quem é a minha mãe? — foi a pergunta de Jesus, como vimos, que havia ecoado com força nos três Evangelhos sinóticos, atingindo em cheio o coração de Maria. E uma sombra caiu sobre ela. A sombra quase sempre cai, nos ensina T. S. Eliot. "Entre a intenção e o ato", diz o poeta, "cai a sombra. Entre o esforço e a conquista cai a sombra, assim como entre a esperança e a graça."[5] Mas, um tempo depois, noutro lugar e quando outra sombra cai sobre ela, a sombra da cruz, ela escuta a mesma voz, ainda que seja um fiapo de voz, dizendo: *Mulher*,[6] *este é o seu filho*. Então ela se soube cuidada e reorientada. E quando essa mesma voz, a voz do crucificado, continua dizendo *Esta é a sua mãe*, dirigindo-se àquele que iria acolhê-la em sua casa, ela se sente acolhida. O que, a seguir, foi selado pelo evangelho que diz *daquele momento em diante, o discípulo a recebeu em sua casa* (19.26-27).[7]

---

[3] O texto em Latin começa dizendo *"Stabat Mater dolorosa/ juxta crucem lacrymosa/ dum pendebat Filiuse"*. Embora sua autoria ainda seja discutida, tem recebido inúmeras composições musicais, entre eles por Vivaldi, Haydn e Schubert. Ver Cleiton Robsonn, "*Stabat Mater Dolorosa*", *Salvem a Liturgia*, 15 de setembro de 2012, <https://www.salvemaliturgia.com/2012/09/stabat-mater-dolorosa.html>.

[4] Patrick H. Reardon, "Mary at the Cross", *Christianity Today*, <https://www.christianitytoday.com/history/issues/issue-83/mary-at-cross.html>.

[5] Citado por João Moreira Sales, "O que eu tenho a ver com tudo isso", *piauí* 210, março 2024.

[6] Nas duas vezes em que João se refere a Maria, ele fala dela como *a mãe de Jesus* (Jo 2.1,19) e a chama *mulher* (2.4; 19.26). Reardon, "Mary at the Cross", diz que essa era uma expressão decorosa em referência a mulheres, no tempo de Jesus.

[7] F. F Bruce diz que "os irmãos de Jesus até este momento ainda não lhe eram simpáticos, e então ele não podia lhes confiar este cuidado nesta hora triste; talvez nem estivessem em Jerusalém na ocasião". Ver *João: Introdução e Comentário* (São Paulo: Vida Nova/Mundo Cristão, 1987), p. 317. De fato, não sabemos quando, pelo menos alguns, dos irmãos de Jesus abraçaram a sua causa, como já é evidente no início da igreja primitiva (ver At 1.14).

A sombra que havia caído sobre ela quando ecoou a pergunta *quem é minha mãe* é levantada e ali, aos pés de outra sombra, ela entende aquilo que Jesus tinha dito naquela ocasião anterior. Lá ele tinha dito que queria mais do que uma família sanguínea e nuclear, pois havia muita gente mais além desse círculo. Havia gente sozinha, desgarrada e que precisava da família que ele estava estabelecendo e cujo significado estava reconfigurando, a família de Deus, o povo de Deus. E ali, aos pés da cruz, ela mesma, Maria, precisava dessa família e por ela ser acolhida. Ali, aos pés da cruz, ela estava sendo testemunha daquilo que Jesus vinha afirmando e gestando e do que ele, Jesus, não abre mão nem quando está às portas da morte. Ali, bem ali, para evocar uma narrativa de Lucas, Maria torna-se parte dessa família que abraçará inclusive o criminoso crucificado com Jesus, quando este diz: *Eu lhe asseguro que hoje você estará comigo no paraíso* (Lc 23.43). Uma nova família está se configurando. "Essa cena", diz Reardon em linguagem poética, "tem acompanhado gerações de crentes desde o nascimento da igreja. Através da música e da arte, adoradores têm penetrado na profunda tristeza de Maria e do discípulo amado, banhando-se com eles no sangue e na água que fluem para sempre do seu lado sagrado".[8] Uma cena que, mais que para o desespero, aponta para a realidade da comunidade do acolhimento e para a esperança da eternidade.

Agora Maria sabe o seu lugar — aos pés da cruz — e ali ela se sabe *crucificada com Cristo*, para usar a linguagem de Paulo quando diz: *Fui crucificado com Cristo; assim já não sou eu que vive, mas Cristo vive em mim. Portanto, vivo neste corpo terreno pela fé no Filho de Deus, que me amou e se entregou por mim* (Gl 2.20). Agora Maria sabe o seu lugar, acolhida na casa do discípulo amado, vindo a fazer parte dessa família estendida de Deus que irá se espalhar sem parar por tempos que virão. Agora Maria sabe o seu lugar, na comunidade dos irmãos e irmãs que *compartilhavam tudo que possuíam* e *se dedicavam de coração ao ensino dos apóstolos, à comunhão, ao partir do pão e à oração* (At 2.42-44). Essa é a comunidade que será visitada e gestada pelo Espírito Santo, que se estabelecerá como um espaço de compartilhamento e acolhimento a partir de conversões, como a de Maria e seus filhos. Uma comunidade que permanece unida em oração *com um só propósito* (At 1.14). Propósito esse que o autor de

---

[8] Reardon, "Mary at the Cross".

1Pedro assim descreverá: *Acima de tudo, amem uns aos outros sinceramente, pois o amor cobre muitos pecados. Abram sua casa de bom grado para os que necessitam de um lugar para se hospedar. Deus concedeu um dom a cada um, e vocês devem usá-lo para servir uns aos outros, fazendo bom uso da múltipla e variada graça divina. Você tem o dom de falar? Então faça-o de acordo com as palavras de Deus. Tem o dom de ajudar? Faça-o com a força que Deus lhe dá. Assim, tudo que você realizar trará glória a Deus por meio de Jesus Cristo. A ele sejam a glória e o poder para todo o sempre! Amém* (1Pe 4.8-11).

Assim, João nos leva a encontrar Maria na companhia de outros seguidores de Jesus, vindo a ser considerada em muitos momentos, na história da igreja, como símbolo dessa comunidade. Lucas a coloca em meio aos seguidores de Jesus que se reúnem *no andar superior da casa onde estavam hospedados* (Lc 1.13), em espera pelo Espírito Santo. A mãe de Jesus, diz Reardon, é, afinal, projetada como a "cristã modelo" em muito do Novo Testamento, sendo a primeira a se referir ao *Senhor* como *meu Salvador* (Lc 1.47; ver ainda 1.38; 2.19).[9]

Maria é uma participante como os outros nessa comunidade de fé, mas ela é também mais do que isso. Ela tem um importante valor simbólico que ora ignoramos e ora supervalorizamos, mas que pode ser mantido em perspectiva e alicerçado em sua expressão *sou serva do Senhor* (Lc 1.38). Elizabeth A. Johnson nos diz que "as declarações teológicas sobre Maria têm uma estrutura simbólica, de modo que, embora se refiram imediatamente e de forma óbvia a essa mulher, atingem o referente teológico pretendido quando são, em última análise, interpretadas como declarações sobre a igreja, a comunidade de discípulos fiéis, da qual ela é membro e da qual participa".[10]

É assim que podemos olhar para Maria, para aprendermos a dizer *sou serva do Senhor*. E é assim, e com ela, que aprendemos que o lugar da teologia é aos pés da cruz e no seio de uma comunidade que, inspirada e guiada pelo Espírito, aprende a dizer e a viver esse *sou serva do Senhor*. Essa é a teologia que, em oração, se percebe com sede do Espírito Santo,

---

[9] Ibid.
[10] Elizabeth A. Johnson, "The Symbolic Character of Theological Statements about Mary", in *Journal of Ecumenical Studies* 22, primavera de 1985, p. 313.

pois só então conseguirá soletrar esse alfabeto da crença da qual Maria nos dá testemunho.

Por que demorei tanto, Maria se pergunta

Às vezes Maria até se beliscava para ter certeza de que era verdade o que ela havia vivido nesses tempos. Coisas intensas, surpreendentes e algumas muito rápidas. Coisas de sonho.

Os acontecimentos das últimas semanas, ali em Jerusalém, tinham revitalizado a sua memória e o filme de sua vida corria por dentro dela e diante dos olhos do seu coração. Não tinha sido fácil: estar aos pés da cruz de Jesus era algo que nem as lágrimas explicam. Mas ser acolhida tão bem na casa de um seguidor de Jesus e viver a experiência da oração na comunhão dos irmãos, acompanhada pelos filhos, é coisa que não daria para explicar, rascunhar ou mesmo desenhar. É coisa de outro mundo. É parecido com receber anjo. É sério, ela parecia estar sonhando acordada. Ela estava muito feliz. Para sua própria surpresa, ela até se pegou apalpando o ventre já murcho, lembrando da sua gravidez e lembrando da velha Isabel grávida. Agora ela se sentia "grávida" do sonho e das promessas de Jesus. Do reino de Deus, como ele dizia e ela estava aprendendo a dizer também.

Ela não vai e nem quer esquecer que houve épocas e acontecimentos extremamente difíceis. Tanto durante a gravidez como depois, com o crescimento do menino. E quando ele, já adulto, decidiu abandonar a profissão e, por que não dizer, a própria família, houve outra época de grande tensão. E assim outro filme passava diante de seus olhos e, neste, a unidade familiar estava por um fio.

Ela lembrava as ocasiões em que, sentada à mesa, não conseguia comer, porque o volume das vozes dos seus outros filhos lhe fechava o estômago. Eles discutiam sem parar sobre as andanças e o ministério do irmão e não escondiam nem a suspeita nem a raiva que tinham dele. Aliás, isso chegou a ser público.

Aqueles foram tempos difíceis nos quais ela se sentia sozinha e com muito medo. Ao escutar aquele vaivém de argumentos dos filhos, e até de sua comunidade, ela parecia concordar com seus "outros meninos". Mas lá dentro dela havia uma outra voz que ela sabia ser melhor escutar: a voz da sua vocação. A voz da sua própria experiência de vida com Deus. A voz que dizia que o caminho de Jesus era esse mesmo e ela o devia abraçar.

Então tudo pareceu chegar a um trágico fim, faz só alguns dias. Aquela cruz maldita e aquela morte tão real de Jesus era mais do que ela podia suportar. Em tom de despedida ele até parecia estar cuidando dela. Era filho adulto querendo cuidar de uma mãe sozinha a caminho dos anos avançados.

Mas a reviravolta não demorou, graças a Deus. O susto do túmulo vazio trancou o seu estômago, num primeiro momento, é verdade. Mas durou pouco, muito pouco. Havia outra palavra no ar. Havia outra figura em pé. Havia ressurreição a exalar perfume de vida: *Por que vocês procuram entre os mortos aquele que vive? Ele não está aqui. Ressuscitou!* (Lc 24.5-6), as irmãs diziam que o anjo lhes havia dito. E a anjos ela sabia escutar.

Ele estava vivo. E ela também, claro que noutro sentido. Ufa! Ela suspira e sorri um sorriso regado de uma lágrima chamada gratidão.

Maria acorda das suas conversas com o coração. Assustada, olha ao redor. Um dos filhos está olhando para ela como a dizer "sonhando de novo, mãe?". Ela decide ir lá fora, tomar um ar. Levanta e sai, mas logo volta, pois quer deixar claro que faz parte desta comunidade dos que oram e dos que esperam, em resposta às instruções do próprio Jesus: *Não saiam de Jerusalém até o Pai enviar a promessa, conforme eu lhes disse antes. João batizou com água, mas dentro de poucos dias vocês serão batizados com o Espírito Santo* (At 1.4-5).

O fato é que ela estava muito feliz. Jesus estava vivo. De forma diferente, mas estava muito vivo. Bem vivo. Muita coisa havia mudado e sua família era exemplo disso. Esses seus filhos suspeitosos de ontem estavam com ela, orando. E, além disso, havia ganhado outra família. Uma família na qual haviam começado a se chamar de irmão e irmã.

Todos eles se reuniam em oração com um só propósito,
acompanhados de algumas mulheres
e também de Maria, mãe de Jesus,
e os irmãos dele.
Atos 1.14

Maria, a mulher "do coração"

Chego ao final desta longa caminhada ao lado de Maria com enorme gratidão. Tenho consciência de que as minhas lentes acabaram determinando percepção e interpretação, mas isso é inevitável e disso não tenho como fugir, e nem quero. Busquei entendê-la, deixá-la emergir como ela mesma e colocar-me ao seu lado para dela aprender a dizer *Que aconteça comigo*. Busquei sua companhia, ao que ela nunca se negou, como acontece com tantas dessas personagens que acabaram povoando essas Escrituras que abraçamos como sagradas. São sagradas porque trazem Deus para perto de nós e são sagradas porque não se escondem diante de nossa humanidade, mas nela se revelam. Com Maria também é assim. Nela o divino e o humano, o transcendente e o histórico se expressam de forma tão integrada que acabam modelando o seguimento a Jesus geração após geração, ajudando-nos a discernir as opções e os caminhos de uma vida que vale a pena viver, pois é vivida em resposta a Deus.

Nesse meu esforço por encontrar Maria em sua humanidade sintonizando com a minha humanidade, me identifiquei com o Fr. Balasuriya quando afirma que Maria deve ser libertada de uma "especulação teológica tradicional" que faz dela "uma mulher que não é feminina, uma mulher que não sabe o que é ser humana, que não passa pelas dores do parto ao dar à luz a Jesus, que não sabe o que é o pecado, que não sente as provações da existência humana".[11] Ainda que a Maria por si só não carecesse ser libertada de algo pelo qual nunca se deixou aprisionar. Ao escrever o seu significativo livro sobre Maria, Perry diz que uma imagem cheia de humor o cativou: "Enquanto nós, teólogos, estávamos envolvidos em debates acerca da virgindade perpétua, a concepção imaculada, a assunção corporal, Maria estava lá, para além de todos nós, sorrindo e não dizendo nada, imperturbável e totalmente misteriosa".[12]

Há uma expressão sobre Maria que se repete duas vezes e diante da qual vale parar. É quando Lucas diz que *ela guardava todas essas coisas no coração e refletia sobre elas* (Lc 2.19,51). Na primeira delas Maria

---

[11] Fr. Tissa Balasuriya, *Mary and Human Liberation: The Story and the Text*, Helen Starton, ed. (Londres: Mowbray, 1997), p. 77.
[12] Perry, *Mary for Evangelicals*, p. 14.

se encontra diante dos pastores que vieram encontrar o recém-nascido. Quando eles descreveram o que viram e ouviram, as pessoas ficaram admiradas, mas Maria guardava o que ouvia no seu coração. Na segunda ocasião, Maria e José estão escutando o que o menino Jesus, de doze anos, está lhes dizendo quanto ao templo ser o seu lugar de pertença, *a casa do meu Pai*. Lucas diz que eles não entenderam o que ele quis dizer, e Maria *guardava todas essas coisas no coração*.

Guardar no coração é uma linguagem do coração. Uma linguagem que vai além do racional e do cognitivo. Uma linguagem que fura a lógica descritiva de causa e feito e vai em busca daquilo que é demasiado significativo para ser cognitivamente absorvido, é demasiadamente sagrado para ser apenas compreendido e é demasiadamente surpreendente para ser rapidamente escutado e enquadrado. O coração acolhe também aquilo que não entendemos, que nos assusta e aquilo de que temos medo. E, não por último, o coração é o lugar onde guardamos aquilo que necessita de um cuidadoso bordado entre a vocação com a qual Deus nos alcança e a sua vivência em meio aos caminhos e descaminhos, as certezas e as dúvidas, as afirmações do dia e os medos da noite, as certezas de ontem e os enganos de hoje. O coração é um repositório sagrado que tem o tamanho da vida. O coração é o lugar do humano abraçado pelo sagrado e do sagrado abraçado pelo humano.

O coração de Maria é tão grande como são profundas as coisas que lhe aconteceram. O que, afinal, cabe no coração dessa Maria?

No coração de Maria cabe *anjo*. Anjo não é coisa para todo dia, mas sem anjo a vida tende a não sair do seu próprio círculo; é o mesmo sempre sendo o mesmo com um pouco mais do mesmo. Eles aparecem de repente e não são resposta a nenhuma programação nossa. Eles vêm com uma missão e delegam uma missão, e disso Maria podia falar de experiência. Foi a vinda do anjo que lhe transmitiu a sua vocação e a fez desabrochar para a vida, e é assim que Deus atua. Foi um anjo que os protegeu de Herodes e sem ele o menino teria sido morto por este autocrata que gostava de decretar o destino dos seus súditos. Graças a Deus, Herodes não dá conta de anjo e o menino sobrevive. Anjo assusta, traz medo e perplexidade para a nossa cotidianidade e nossos valores, mas são eles, como mensageiros de Deus, que abrem a cortina para novos caminhos, novas relacionalidades e sobrevivências possíveis. Eles sempre querem o que Deus quer e o que Deus quer é bom. O que Deus quer é justiça, fraternidade e esperança e anjo sabe disso e nos lembra disso.

A teologia precisa ousar ansiar por anjos, pois assim somos protegidos em nosso viver diário e somos alimentados para a esperança que não desiste de buscar pelos valores do reino de Deus. A teologia que não tem lugar para anjo é teologia de cubículo sem janela para a vida, nos diria Maria.

No coração da Maria cabe *maternidade* e cabe *família*. Com a visita do anjo, num primeiro momento, Maria viu o seu dom da maternidade invadido e seu matrimônio ameaçado, para logo descobrir que o seu ventre estava sendo sacralizado e o seu matrimônio abençoado. Abençoado com um esposo justo e cuidadoso e com outros filhos e filhas que lhe complicaram e alegraram a vida. Erin faz uma significativa costura entre o dom e o exercício da maternidade e a expressão dela na construção do reino de Deus. O mais comum dos atos, a maternidade, molda a fidelidade ao reino apesar de todos os riscos que os Herodes de ontem e de hoje representam, ele nos lembra.[13] Maria coloca a sua vida a serviço da vida e expressa isso pelo dom da maternidade e pela construção de uma família que não é nem romântica e nem idealizada, mas que acaba acompanhando-a, pelo menos em parte, na trajetória rumo à comunidade de fé. Maria é mulher. Maria é mãe. Maria é família. E desse tipo de Maria o nosso tempo carece.

A teologia abraça a simplicidade e a riqueza da vida na qual há lugar para o matrimônio e para os filhos, na consciência de que ao investir na família se está construindo cidadania e contribuindo para uma sociedade que se inspira numa convivência comunitária. Uma convivência marcada pelos frutos do Espírito que são *amor, alegria, paz, paciência, amabilidade, bondade, fidelidade, mansidão e domínio próprio* (Gl 5.23)

No coração de Maria cabe *comunidade*, uma comunidade que se forma a partir dos excluídos, rejeitados e encontrados. E uma comunidade que rompe com a suficiência e arrogância dos vínculos sanguíneos,

---

[13] Ver Erin Dufault-Hunter, "The Political is Personal: Mary as a Parent and Prophet of Righteousness", *Fuller Magazine*, 23, 3 de junho de 2022, <https://fullerstudio.fuller.edu/theology/the-political-is-personal-mary-as-a-parent-and-prophet-of-righteousness/>.

étnicos, políticos, sociais e econômicos. Ou seja, rompe com os vínculos de qualquer comunidade segregacionista que é estabelecida para excluir, se diferenciar e elitizar. A comunidade vivida e modelada por Jesus é aquela na qual há lugar para os enfermos que carecem ser curados, para oprimidos que carecem ser libertados, assaltados que carecem ser cuidados, crianças que precisam ser acolhidas e refugiados que precisam ser recebidos com nova cidadania, para dar alguns exemplos. Essa comunidade representa uma surpresa, uma denúncia e uma alternativa tanto para a sociedade de Herodes e seus soldados como para a sociedade religiosa que se fecha em torno aos seus e vive da proteção dos seus benefícios, para usar duas metáforas, e expressa o desejo de Deus para toda a sociedade. Assim o autor de 1Pedro descreve essa nova comunidade: *Vocês, porém, são povo escolhido, reino de sacerdotes, nação santa, propriedade exclusiva de Deus. Assim, vocês podem mostrar às pessoas como é admirável aquele que os chamou das trevas para sua maravilhosa luz Antes vocês não tinham identidade como povo, agora são povo de Deus. Antes não haviam recebido misericórdia, agora receberam misericórdia de Deus. Amados, eu os advirto, como peregrinos e estrangeiros que são, a manter distância dos desejos carnais que lutam contra a alma. Procurem viver de maneira exemplar entre os que não creem* (1Pe 2.9-12).

A teologia que se desenha no seguimento a Jesus encontra linguagem e aponta para caminhos de denúncia quanto a comunidades que excluem e caminhos de construção para grupos humanos carentes de encontro, restauração e esperança. A fé cristã, por ser profundamente gregária, nem considera uma teologia que exclua o acolhimento e o cuidado do outro. Pelo contrário, oferece espaços de vivência onde todas e todos sejam bem-vindos. Assim se faz teologia. Uma teologia comunitária.

No coração da Maria há lugar para a *fragilidade* e a *vulnerabilidade*. Por vezes se olha para Maria como uma mulher pronta, esquecendo que gente pronta nem é bonita. Aliás, nem existe. Dos seus, digamos, treze anos, quando foi visitada pelo anjo, até o momento em que se encontra na comunidade dos irmãos e irmãs, em Jerusalém, várias décadas se foram e ela, agora com seus, digamos, quarenta e seis anos, passou de adolescente a mulher madura, vivenciando diferentes momentos e estágios. É significativo ver descrições como confusão, dúvida, admiração, perplexidade, não entendimento, fora de hora, fazendo parte dos relatos sobre Maria. Ela nem sempre entendeu e nem sempre foi logo aceitando as coisas que lhe aconteciam ou diziam. Ela nem sempre acertou quanto à hora de fazer e dizer as coisas, e certamente guardou muitas dessas coisas no coração. T. George diz que Maria é retratada como aquela que crê e aquela sem fé, obediente e intrometida, perceptiva e sem noção, *simul justus et pecator*, ao mesmo tempo justa e pecadora.[14] É bom ver Maria tão humana, com suas certezas e suas dúvidas, suas afirmações e seus medos, pois assim somos nós e assim são as pessoas que Deus escolhe e abençoa. Paulo diz que Deus *escolheu as coisas que o mundo considera loucura para envergonhar os sábios, assim como escolheu as coisas fracas para envergonhar os poderosos* (1Co 1.27), e disso Maria é um exemplo acabado. O que vemos em Maria, como aprendizado, não é se passamos por momentos difíceis e confusos, mas como reagimos a eles e como passamos por eles. Por eles se passa, nos ensina Maria, com paciência e insistência e cultivando a memória da vocação. Por eles passamos quando teimamos em não esquecer a quem pertencemos e por quem somos vocacionados para a ele servir na gestação do seu reino. Por eles passamos lembrando que somos chamados a andar e a viver em comunidade. Na comunidade dos que creem.

A teologia tem espaço para a fragilidade e para a vulnerabilidade. Ela não foge das palavras medo, perplexidade e dúvida, mas lhes dá espaço de expressão, responde a elas com o convite para o silêncio da perplexidade e se deixa marcar pela paciência do Deus que não nos esquece e insiste em chamar para sermos dele e servirmos a ele. A teologia nasce no encontro entre a nossa vulnerabilidade e o abraço de Deus.

No coração de Maria há lugar para a *obediência*. Ao falar da obediência Bonhoeffer a qualifica como "simples". Simplicidade e irrevogabilidade são categorias centrais no chamado de Jesus.[15] E isso pode ser visto na vida da Maria, que, em resposta ao chamado de Deus, se entende como *serva do Senhor* e como tal pronuncia as inesquecíveis palavras *que aconteça comigo*. A obediência requer concretude e produz liberdade. Bonhoeffer diz que "Jesus chama a uma situação concreta em que a fé

---

[14] Timothy George, "The Blessed Evangelical Mary", Christianity Today, 1º de dezembro de 2003, <https://www.christianitytoday.com/ct/2003/december/1.34.html>.
[15] Dietrich Bonhoeffer, *Discipulado* (São Leopoldo, RS: Sinodal/EST, 2004), p. 40.

se torna possível; chama de forma tão concreta, e também quer ser compreendido concretamente, por saber que só na obediência concreta o ser humano fica livre para a fé".[16] Maria sabe como isso acontece e disso ela é testemunha com a própria vida.

A teologia se alimenta do chamado de Jesus e responde encontrando linguagem e caminhos de obediência. A obediência nem sempre é gestada na concordância e na aceitação, mas em crer. No ato da obediência está embutida a fé e a fé gera a obediência. Uma obediência que alimenta a liberdade. A liberdade que a teologia tem para encontrar a obediência.

Apesar de já ter olhado, em tempos passados, para alguns dos textos que marcam a trajetória da Maria, eu nunca tinha acuradamente percebido o quanto os próprios autores dos Evangelhos vivenciaram o desafio de entender o papel de Maria no cenário da vida de Jesus e no cenário desta promessa messiânica que se cumpria na vida dele. Foi Perry quem sintetizou essa diversidade entre os evangelistas da seguinte forma: "A representação de Maria no Novo Testamento é diversa. Para Paulo, ela não passa de uma mãe anônima. Para Marcos, ela é uma oponente equivocada ainda que bem-intencionada. Para Mateus, o escândalo em torno da sua gravidez deve ser explicado para que as credenciais messiânicas do seu Filho tenham peso. Para Lucas, ela é profetisa, mãe, discípula e talvez até representante da nova comunidade de Jesus. Para João, ela é um símbolo da fé comunitária que não tem nenhum papel no ministério de Jesus, mas se torna a mãe dos crentes no advento da sua hora."[17]

Ao passear pelos diferentes textos e suas ênfases eu pude celebrar a ação desse Deus que cumpre as suas promessas e as cumpre de uma forma particular e surpreendente. Ele as cumpre escolhendo uma simples Maria que vivia na desconhecida Nazaré e de lá torna-se conhecida como *abençoada*. Uma bênção que se materializa quando ela, tanto tempo depois, ainda se torna uma bênção para outros, entre os quais me sinto privilegiado de estar.

[16] Ibid., p. 41.
[17] Perry, *Mary for Evangelicals*, p. 114.

Uma última história

Era cedo, bem cedo quando o pessoal da comunidade veio se achegando para o que tinha virado um tempo de oração na aurora do dia. Maria chegou e veio com vontade de falar. Encabulada e falando baixinho ela conseguiu dizer: "Posso contar uma história?". As mulheres foram rápidas em responder: "Sim, pode. Conte", enquanto alguns dos homens arcaram a sobrancelha como que dizendo: "Mulher querendo falar primeiro? Isso não está certo", mas foram vencidos pelo tom afirmativo da comunidade que queria ouvir a história da Maria.

"Como vocês sabem", ela iniciou, "tem coisas que a gente não esquece e parece que as mães acabam lembrando de mais coisas quando se trata dos filhos. E para não esquecer mesmo, na época até escrevi algumas coisas que trago comigo como uma espécie de diário.

"José e eu ainda estávamos em Belém, onde Jesus nasceu, como vocês sabem. Depois de ficarmos os primeiros dias arranjados na casa de parentes distantes de José, conseguimos alugar uma casinha e ele até arrumou uns trabalhos de carpintaria, ganhando algum dinheirinho. Um dia, quando abri a porta para ver quem havia chegado, me deparei com uns homens que nunca tinha visto. Eles vestiam estranho, falavam estranho e vinham montados em animais estranhos. Mas não olhavam estranho; seus olhos eram quentes e seu sorriso convidavam para conversar. Eu sabia que eles queriam alguma coisa e acabaram entrando em nossa casinha, onde nem lugar direito havia para eles. Por estranho que pareça, eu acabei me sentando num banquinho e, que vergonha, nem me ocorreu oferecer algo para comerem. É que entraram na casa em silêncio e com reverência. Os seus olhos pareciam estar buscando alguém, até que um perguntou 'cadê o menino?'. Me assustei, claro. O menino? O menino era meu. O que eles queriam com ele? Logo eles se apresentaram melhor e me contaram uma dessas histórias que, só de escutar, eu chorava de acreditar. Eles só estavam começando quando José entrou, pois lhe haviam falado do movimento na casa.

"Viemos de longe, eles disseram. Somos estudiosos dos astros e uma estrela veio nos guiando para este lugar. Viemos para encontrar o menino. Procuramos o menino. No caminho paramos em Jerusalém e os estudiosos de lá nos disseram que o livro deles dizia que o menino deveria nascer em Belém e acabamos chegando aqui. A própria estrela voltou a nos guiar. Viemos para ver o menino. Cadê o menino?

"Aquele dia toda a comunidade ficou perguntando o que havia acontecido na nossa casa, mas eu não quero alongar essa história. Mas hoje, ao acordar pela manhã, eu me lembrei das palavras daqueles visitantes. Eles disseram: *Onde está o recém-nascido rei dos Judeus? Vimos sua estrela no Oriente e viemos adorá-lo* (Mt 2.2). Eu já havia visto e ouvido muita coisa quanto a este menino, mas naquele dia fiquei impactada quando eles disseram *viemos adorá-lo.*"

Então Maria silenciou por um pouco e disse: "É para isso que nós estamos aqui também, não é? Estamos aqui para adorá-lo, e agora adoramos o Cristo crucificado e ressurreto."

O silêncio foi geral. O ambiente estava tomado de graça e aos poucos as pessoas foram se ajoelhando e com diferentes vozes e de diferentes jeitos a comunidade se tornou numa comunidade de adoradores.

Viemos adorá-lo. É assim que se faz teologia. Teologia como adoração.

SOBRE O AUTOR

Valdir Steuernagel atua junto à Visão Mundial (World Vision) desde 1989, tendo presidido os conselhos nacional e internacional da organização. Hoje é embaixador da Visão Mundial Brasil, da Aliança Cristã Evangélica Brasileira e colunista da revista *Ultimato*. É pastor luterano com mestrado e PhD pela Lutheran School of Theology em Chicago, nos Estados Unidos. Autor de várias obras, escreveu pela Mundo Cristão *Fazendo teologia de olho na criança* e organizou e coescreveu *Formação espiritual* e *Espiritualidade no chão da vida*. É casado com Silêda, com quem tem quatro filhos e sete netos. Juntos se dedicam ao ministério da nutrição espiritual e vocação missional.

Compartilhe suas impressões de leitura,
mencionando o título da obra, pelo e-mail
opiniao-do-leitor@mundocristao.com.br
ou por nossas redes sociais

Esta obra foi composta com tipografia Adobe Caslon Pro
e impressa em papel Snowbright Creme 70 g/m² na gráfica Santa Marta